레위기

레위기

초판 1쇄   2025년 8월 26일

지 은 이   조윤호
펴 낸 곳   바티스
편   집   편집부
디 자 인   해피디자인
그   림   김정희

등록번호   제 333-2021-000046호
등록일자   2021년 8월 27일
주   소   부산광역시 해운대구 재반로 113-15(4층), 바티스 출판사 영업부
전   화   051-783-9191
팩   스   051-781-5245
이 메 일   bathys3410@gmail.com

ISBN   979-11-991115-3-0(03230)

값 20,000원

이 책에 실린 글과 이미지의 무단전재 · 복제를 금합니다.
이 책에 내용의 전부 또는 일부를 재사용하려면 반드시 출판사의 동의를 받아야 합니다.

이 책은 강원교육모두체, 강원교육새음체를 사용하였습니다.

 바티스는 헬라어로 βαθύς 입니다. '깊은', '심오한', '질긴', '풍부한' 뜻을 가지고 있습니다.

레위기

조윤호 지음

바티스

레위기를 출간하면서

레위기는 하나님을 바라보게 만듭니다. 레위기는 책의 첫 글자가 "와이크라(그리고 부르셨다)"로 시작합니다. '와우' 계속적 용법이 출애굽기의 마지막 장과 레위기의 첫 문장이 서로 연결되면서 계속된다는 것을 말하고 있습니다. 이런 '와우'가 '카라'의 미완료형과 합쳐서 "와이크라(그리고 부르셨다)"를 표현하고 있습니다. 이것은 책이 계속된다는 관계를 넘어 "그리고 하나님께서 나를 부르셨습니다"로 연결되는 신앙의 고백을 담고 있습니다. 레위기가 얼마나 은혜로운 성경인지 1장 1절은 음성을 들려주고 있습니다. 레위기는 본문이 의미하는 바를 알고 읽었을 때와 그렇지 못하고 읽었을 때 온도의 차이는 하늘과 땅처럼 극과 극의 모습으로 나타납니다.

레위기는 인간의 죄성과 그에 따른 우리의 모습을 제사제도를 통해 직시하도록 합니다. 그리고 이를 통해 하나님의 은혜를 발견하게 하며, 메시아를 갈망해야 할 이유를 알게 합니다. 이사야 28장 7절의 말씀처럼 신앙이 잘못된 포도주와 독주로 말미암아 옆 걸음을 치며 비틀거리지 않으려면 신앙의 푯대를 바르게 세워야 합니다. 레위기는 신앙의 푯대를 바르게 세워주는 가장 중요한 신앙의 규범입니다.

레위기는 성경이 전하고 있는 영적 메시지의 중요한 부분을 차지하고 있습니다. 동시에 쉽게 이해하기 어려운 부분들이 요소요소에 등장합니다. 제사 제도, 음식에 관한 규례, 제사장과 관련한 규례 등은 단순한 제도를 말하는 것이 아닙니다. 인간의 죄성과 하나님의 거룩을 돌아보게 합니다. 성결과 희생 제사, 속죄 등은 이런 모습들을 함께 비쳐 보게 합니다. 속죄, 대제사장, 지성소는 중보자인 그리스도와 십자가를 돌아보게 합니다.

레위기를 읽어가다 보면 가슴 한구석을 파고드는 하나님의 말씀이 있습니다. '거룩'입니다. 레위기의 가장 핵심적인 사상 가운데 하나입니다. '거룩'은 하나님의 어떠하심을 알게 하며, 우리의 상태를 돌아보게 합니다. 하나님께서 말씀합니다. "내가 거룩하니 너희도 거룩할지어다"(레 11:45) '거룩'은 죄인인 우리를 돌아보게 하고, 하나님의 은혜를 돌아보게 합니다. 그리고 예수 그리스도의 죽음과 십자가의 필연을 바라보게 합니다. 레위기가 없었다면 대속의 죽음을 말하는 십자가의 메시지를 바르게 이해하지 못했을 것입니다.

    레위기는 성막의 입구인 동문과 같습니다. 성소와 지성소의 문이 모두 동쪽을 향하고 있듯이 레위기는 하나님께로 바르게 인도하는 동쪽에 위치한 회막의 휘장과도 같습니다. 이런 레위기는 하나님을 향하는 신앙이 표류하지 않도록 바른 길로 인도하는 나침판과 같은 지침서이면서 동시에 하나님의 거룩을 지켜내는 휘장과 같습니다. 신앙의 바른 규범을 통해 하나님을 만나게 하는 안내서입니다. 이런 레위기를 바르게 알아간다는 것은 말로 표현할 수 없는 기쁨이요, 즐거움입니다.

    『레위기』는 총 29개의 주제로 전체 내용을 구성하고 있습니다. 첫 번째의 제목은 '하나님의 은혜로'(레 1:3~9)입니다. 죄성 가운데 놓인 우리에게 제일 먼저 다가와야 할 것이 있다면 단연코 하나님의 은혜입니다. 죄인인 우리에게는 하나님의 은혜가 임해야만 다음 단계를 진행할 수 있습니다. 두 번째의 제목은 '하나님을 향한 거룩'(레 2:4~10)입니다. '5대 제사'(번제, 소제, 속죄제, 속건제, 화목제)는 하나님의 거룩성 앞에 인간은 어떤 모습으로도 접근할 수 없다는 것을 알려주고 있습니다. 여기서 강조되고 있는 것이 거룩입니다.

하나님의 은혜와 거룩은 『레위기』의 시작과 끝을 이어가는 핵심 주제이기도 합니다.

　　레위기의 1장이 제사 제도로 시작하는 것도 하나님의 은혜와 거룩이 왜 중요한지 설명하기 위함이라고 말할 수 있습니다. 『레위기』는 총 29개의 주제가 세 가지의 형태를 구성하고 있습니다. 첫 번째는 '제사를 통한 하나님과의 특별한 교제'(1장~10장)입니다. 이 가운데 가장 강력하게 다가오는 것이 하나님의 은혜입니다. 우리는 하나님께서 베풀어 주시는 은혜가 없이는 하나님과 어떤 교제도 이룰 수 없는 죄인이라는 것을 상기해야 합니다. 두 번째는 '하나님과 교제를 하기 위한 기본 조건'(11장~17장)에 대한 내용을 주제 속에서 다루고 있습니다. '각종 정결법' 등이 여기에 대해 설명을 해주고 있습니다. 세 번째는 '성결을 통한 하나님과 교제 유지'(18장~27장)입니다. 계명과 규례의 중요성을 통해 어떤 신앙의 관점으로 세워져야 하는지 내용을 전개하고 있습니다.

　　레위기는 신앙의 유형에 대해서도 말하고 있습니다. 하나님을 향한 개인의 신앙에서 멈추지 않고 공동체를 계속해서 거론하고 있습니다. 이런 모습은 드려지는 예물을 통해서도 강조됩니다. 하나일 때가 있고, 연합을 이룰 때가 있습니다.

내 하나가 공동체를 병들게 할 수도 있고, 공동체를 영적으로 건강하게 지켜낼 수도 있습니다. 그리고 신앙을 지도하는 위치에 세워진 자의 중요성을 말하고 있습니다. 신앙을 지도하는 자의 위치는 권력을 내세우는 자리가 아닙니다. 전체를 신앙으로 바르게 이끌어가야 할 섬기는 자리입니다. 『레위기』는 율법주의를 만들어가자는 것이 아닙니다. 신앙으로 바르게 반응하는 자리에 세워지자는 것이며, 하나님을 향한 신앙으로 응답받는 증인이 되길 갈망하며 집필하였습니다.

『레위기』는 우리가 하나님의 법도와 규례를 지켜야 할 이유가 무엇인지 지식으로 깨닫는 것이 아니라 인격적으로 반응하는 자가 되도록 전체를 이끌어가고 있습니다. 레위기를 바르게 알면 하나님의 은혜가 감사와 기쁨이라는 감격의 눈물로 다가옵니다. 『레위기』는 레위기의 참된 모습을 마치 거울처럼 바라보도록 전체 내용을 구성하였습니다. 한 권의 책을 쓴다는 개념이 아니라 하나님 앞에 신앙을 고백하며, 참된 진리를 깨달은 자의 감사와 영광을 기록한 고백의 책입니다.

『레위기』를 집필하면서
조윤호

목차

▶ 레위기를 출간하면서   4
▶ 레위기에 대한 간략한 이해   11

하나님의 은혜로(레 1:3~9)   15
하나님을 향한 거룩(레 2:4~10)   24
하나님과 화목을 이루는 신앙(레 3:1~5)   33
소홀함이 없어야 합니다(레 4:1~12)   42
신앙의 규범을 잘 지킵시다(레 5:14~19)   52
불이 꺼지지 않게 하라(레 6:8~13)   61
은혜의 문(레 7:11~14)   70
사명과 사역 가운데 세워진 자(레 8:1~9)   80
하나님 말씀대로 이렇게 행하자(레 9:1~7)   89
어떤 불을 드릴 것인가(레 10:1~7)   98
하나님께서 세우신 기준(레 11:1~19)   107

공동체를 건강하게 지켜내자(레 13:1~8)	117
신앙을 건강하게 지켜야 합니다(레 14:33~42)	126
거룩하신 하나님(레 16:1~5)	135
하나님께 드려지는 예물(레 17:1~7)	144
가감 없이 가르쳐야 합니다(레 18:1~5)	153
계명을 지킴으로 거룩하라(레 19:1~4)	162
복 있는 일꾼(레 19:23~25)	171
거룩한 분노를 발하자(레 20:1~9)	181
신앙으로 어떻게 반응할 것인가(레 21:1~9)	190
하나님을 영화롭게 하라(레 22:1~9)	199
하나님의 기쁨이 되자(레 22:17~25)	208
결실을 맺는 성도(레 23:15~21)	217
항상 하나님 앞에서(레 24:5~9)	226
반드시 심어야 할 것(레 25:1~7)	235
그리하면(레 26:1~5)	244
땀과 결실의 열매(레 26:3~13)	253
참 회개자를 새롭게 하시는 하나님(레 26:40~46)	262
하나님을 향한 신앙(레 27:1~8)	271

레위기에 대한 간략한 이해

▶ **책명**

히브리어 성경은 책 이름을 '와이크라'라고 불렀다. 이 말은 "그리고 부르셨다"를 뜻하며 레위기 1장 1절의 첫 단어이다. 이것은 레위기와 출애굽기의 연속성을 강조하고 있다. 70인역은 본서를 '류이티콘'이라 불렀다. '레위인에게 속한 것'이라는 뜻이다. 이것은 '비블리온(책)'을 수식하는 형용사 '류이티콘'을 그대로 부른 것이다. 벌게이트 라틴역은 이것을 번역하여 '리비티커스(Leviticus)'라 불렀으며, 탈무드 시대의 명칭은 '제사장들의 율법'이었다. 영어 성경도 70인역에 따라 '리비티커스'라 불렀으며 한글판 개역 성경도 70인역에 근거하여 '레위기'라 부른다.

▶ 저자

　전통적으로 모세가 레위기의 저자인 것을 인정하고 있다. 출애굽의 연속 편인 레위기는 총 27장으로 구성되어 있다. 그 가운데 스무 장이 "여호와께서 모세에게 말씀하여 이르시되"라는 말씀으로 시작한다. 이와 유사한 표현이 총 56회 이상 나타나고 있는 것은 모세가 레위기를 기록했다는 것을 증거하고 있는 장면이다. 유대인들의 전통은 모세가 본서의 저자라는 것을 의심하지 않았다.

▶ 기록연대

　레위기의 기록은 출애굽을 이룬 B.C. 1446년부터 모세의 생명이 거두어지기 직전인 B.C. 1407년 사이 중 후반부에 기록되었다. 하나님의 계시를 통해 율법의 모든 조항을 전해 들은 모세가 광야 기간 중 하나님의 영에 감동되어 기록하였다.

▶ 목적

이 책은 탈무드 시대의 명칭과도 같이 이스라엘의 제사장들이 어떻게 하나님께 봉사하며, 의식을 올릴 것인지를 특별히 설명해 주고 있다. 출애굽기는 봉헌을 설명하고 있으며 레위기는 성막에서 드릴 제반 예배 의식을 가르쳐 주고 있다. 이런 레위기는 크게 두 가지의 목적을 가지고 기록된다. 첫 번째는 구원받은 언약의 백성들이 거룩한 하나님께 어떻게 나아가야 하는지 가르침을 주기 위한 목적을 가진다. 두 번째는 피의 제사를 통해 '구속의 도'를 일깨우기 위한 목적으로 기록되었다. 그리고 레위기는 제사를 통해 하나님과 선민이 만남을 가지며, 현실 생활에 있어서 성결을 통한 일상적 교제의 유지를 강조하고 있다. 우리는 이런 레위기를 보면서 중보자 되시는 예수 그리스도를 바라보게 된다.

▶ 레위기 전체 요약

출애굽기는 신정정치의 중심을 이룰 '성막 봉헌'으로 내용을 마무리한다. 그리고 이어지는 레위기는 하나님의 임재와 다스림을 상징하고 있는 '성막'을 누가, 어떻게 관여하는지에 대한 내용을 다루고 있다. '제사 드리는 법'과 '정결에 관한 규례', '성결 유지를 위한 법' 등을 중심으로 기록된 것도 이런 이유이다. 각종 의식법의 준수를 통해 왕이신 하나님 앞에 그 나라의 백성인 선민이 어떤 자세를 취해야 하는지 가르침을 주고 있다. 그리고 레위기는 각종 제사법을 통해 비록 선민이지만 죄인이라는 사실을 잊지 않도록 주지시킴과 동시에 오실 메시아에 관한 예언과 언약의 성취를 계시해 주고 있다.

　　레위기는 1장부터 17장을 통해 제사의 필요성에 대해 집중적으로 조명하고 있다. 그리고 18장부터 마지막 장인 27장에서는 하나님과 교제하는 법을 다루고 있다. 레위기는 단순히 의식법에 대한 양식을 소개하고 설명하기 위해 작성된 성경이 아니다. 레위기는 제사법과 규례 등을 통해 선민을 향한 거룩을 강조하는 것에 머물러있지 않다. 창세기 3장 15절의 언약의 성취를 위해 메시아의 성육신과 대속의 값이 필연이라는 것을 짐승의 예물과 제사장의 중보적 모습 등을 통해 밝히고 있다. 이런 레위기는 조용하면서 사람의 심령을 움직인다. 레위기는 예언서와 복음서 그리고 성경의 마지막을 장식하는 요한계시록의 장르를 함께 떠올리게 하는 웅장한 교향곡과 같은 성경이다.

하나님의 은혜로 (레 1:3~9)

1:3 그 예물이 소의 번제이면 흠 없는 수컷으로 회막 문에서 여호와 앞에 기쁘게 받으시도록 드릴지니라
1:4 그는 번제물의 머리에 안수할지니 그를 위하여 기쁘게 받으심이 되어 그를 위하여 속죄가 될 것이라
1:5 그는 여호와 앞에서 그 수송아지를 잡을 것이요 아론의 자손 제사장들은 그 피를 가져다가 회막 문 앞 제단 사방에 뿌릴 것이며
1:6 그는 또 그 번제물의 가죽을 벗기고 각을 뜰 것이요
1:7 제사장 아론의 자손들은 제단 위에 불을 붙이고 불 위에 나무를 벌여 놓고
1:8 아론의 자손 제사장들은 그 뜬 각과 머리와 기름을 제단 위의 불 위에 있는 나무에 벌여 놓을 것이며
1:9 그 내장과 정강이를 물로 씻을 것이요 제사장은 그 전부를 제단 위에서 불살라 번제를 드릴지니 이는 화제라 여호와께 향기로운 냄새니라

하나님의 은혜로 (레 1:3~9)

　　인류의 대표성과 머리로 존재했던 아담이 지은 죄는 아담 이후에 태어나는 모든 후손으로 하여금 죄 가운데 태어나는 효력을 발하게 됩니다. "아담은 백삼십 세에 자기의 모양 곧 자기의 형상과 같은 아들을 낳아 이름을 셋이라 하였고"(창 5:3)라는 말씀은 아담의 죄가 인류 가운데 전가되고 있다는 것을 표현하고 있습니다.

　　죄는 하나님과 관계를 단절하게 만들었으며, 사람으로 하여금 영생 복락으로부터 멀어지게 만들었습니다. 그럼에도 불구하고 하나님께서 은혜를 베푸사 죄인인 우리로 하여금 하나님을 대면할 수 있도록 길을 열어주었으며, 영생 복락에 대한 회복을 언약하셨습니다. 이런 언약의 완성을 이루기 위해 예수 그리스도께서 이 땅에 오셔서 십자가에서 '대속의 값'이 되어주셨던 것입니다.

하나님께서는 우리를 구원의 길로 인도할 메시아가 어떤 성격을 가졌는지, 어떤 역할을 감당할 것인지 '제사'라는 제도를 통해 그림자와 모형으로 비춰줍니다. 그리고 이 모든 것들이 하나님의 전적인 은혜로 말미암아 이루어짐을 알도록 합니다. 하나님께서 '번제'라는 제사를 통해 하나님의 사랑과 함께 은혜를 조명해 주고 있습니다. 우리는 번제의 제사를 통해 하나님의 어떤 은혜를 발견하고 기억해야 할까요?

(3~4) 사람이 자랑삼을 것조차 본성적으로 하나님 앞에서는 흠투성이라는 것을 알고 오늘도 나를 받아주시는 하나님의 은혜를 기억하며 그 은혜를 잊지 않아야 합니다

사람은 누구를 막론하고 죄 없이 태어나는 사람은 없습니다. 그러니 하나님 앞으로 나아오는 자는 반드시 죄 사함을 받아야 합니다. 왜냐하면 하나님으로부터 복 받는 것은 고사하고 그 죄로 인해 멸함을 당하기 때문입니다. 여기에 대해 하나님께서는 은혜를 베푸사 사람의 죄를 대속할 '짐승'을 선정해 줍니다. 그리고 그 대상은 흠 없는 '소'와 '양'

과 '염소'였으며, 대표성을 상징하는 '수컷'을 드리도록 합니다. 가난하여 이런 예물을 드리지 못하는 사람들에게는 또다시 은혜를 베푸사 (레 1:14)에 의하면 '산비둘기'나 '집비둘기 새끼'로 이를 대신하도록 합니다. 짐승이 예물이 되었을 때 그 짐승의 머리에 안수하여 그 사람의 죄를 짐승에게 전가하도록 합니다.

사람의 눈으로 볼 때 흠이 없다고 인정될지라도 어떤 짐승도 하나님 앞에 흠 없는 짐승은 없습니다. 하나님께 드려지는 제물이 될 자격이 없습니다. 여기서 또다시 깨달아야 할 것이 있습니다. 하나님의 은혜입니다. 하나님께서 짐승을 예물로 인정합니다. 그리고 예물로 받으십니다. 죄가 전가된 그 짐승을 불로 태워 재가 되도록 합니다. 성경은 말합니다. "하나님께서 이것을 속죄로 받으시며, 이것을 기쁘게 받으십니다." 하나님의 은혜를 말합니다. 우리는 하나님의 은혜로 어제를 살아왔으며, 오늘을 살아가고 있습니다. 하나님의 은혜가 아니고는 하나님께 기쁨이 될 수 없습니다. 오늘도 내가 하나님의 은혜로 세상 가운데 서 있고, 또 서가야 한다는 것을 잊지 않아야 합니다.

(5~8) 하나님의 은혜로 세워진 그리스도인답게 자신이 살아왔던 세속적인 방식을 단절하고 하나님을 향한 바른 신앙의 가치관을 세워나가는 그리스도인이 되어야 합니다

하나님께 드려질 예물의 머리에 행한 안수는 그 사람의 죄가 짐승에게 전가되는 효력을 발합니다. 안수하여 대속을 이룬 '수송아지'를 잡도록 합니다. 그리고 짐승의 '피'를 '회막 문 앞 제단'에 뿌립니다. 그다음 번제물의 가죽을 벗기고 '각'을 떠서 제단 위에 붙인 불 위에 올려 '내장'과 '정강이'와 함께 전부를 불태웁니다.

짐승의 '가죽'은 우리의 '겉모습'을 대변합니다. (롬 12:1)의 말씀처럼 하나님 앞에 거룩한 '산 제물'이 되기 위해서는 '세상의 죄악 된 모습'이 벗겨져야 합니다. 그리고 '각'을 뜨는 것은 예물로 드려진 짐승의 몸 각 부위를 절단하라는 것을 강조하는 것이 아닙니다. 희생의 제물로 드려진 예물이 잘 태워져서 끝까지 예물의 바른 가치를 발하도록 하기 위한 조치였습니다.

바울은 (고전 15:10)을 통해 이런 고백을 합니다. "내가 나 된 것이 나의 능력이 아니라 '하나님의 은혜'였습니다." (빌 3:8)에 의하면 사도 바울은 예수 그리스도를 만나고 난

뒤 자신의 인간적인 가치와 판단에 의한 세상의 '가죽'을 벗어버립니다. 그리고 세상의 타락한 문화가 주는 즐거움과 같은 삶을 절단하며 '각'을 뜹니다. 우리는 하나님의 은혜로 세워진 그리스도인입니다. 우리는 그리스도인답게 자신을 세워야 합니다. 과거에 자신이 자랑삼았던 세상의 고상한 지식과 모든 것들은 죄악의 때가 가득 묻은 '배설물'과 같습니다. '가죽'과 같은 세상의 모습, 세상이 주는 즐거움에 대해 '각'을 떠야 합니다. 그리고 이것을 신앙의 불로 태워 하나님을 향한 바른 신앙의 가치관을 만들어가야 합니다.

(9) 자기의 목적을 이루기 위해 존재하는 자가 아니라 오늘의 나를 존재하게 하신 하나님의 은혜를 기억하며 자신의 전인격을 하나님께 예물의 향기로 드리는 그리스도인이 되어야 합니다

하나님께서는 번제로 드릴 예물에 대해 가죽을 벗기고, 각을 뜨게 한 다음, '내장'과 '정강이'는 물로 씻어 제단에서 다른 번제물과 함께 태우도록 합니다. '내장'은 그 사람의 마음속의 '생각'이나 '감정'을 의미하는 것으로 (사 26:9)에서는 이것을 '중심'이라고 말하고 있습니다. 그리고 '정강이'는 다리 아래의 부분을 가리키는 것으로 '세상을 살아가는 걸음'을 나타냅니다. '내장'과 '정강이'를 번제로 태우기 전에 먼저 물로 씻도록 한 것은 자신의 생각과 감정 그리고 자신의 세상적인 삶의 흔적에서 나타나는 잘나고, 못난 모습으로는 하나님께 영광을 돌릴 것이 아무것도 없다는 것을 말하고 있습니다. 하나님 앞에 극명하게 드러나는 이 세상의 묻은 온갖 죄와 허물을 씻어내는 것을 말합니다.

하나님의 은혜 가운데 세워진 우리는 오늘의 나를 있게 하신 하나님의 전적인 은혜를 기억하며 자신의 전 인격을 하나님께 예물의 향기로 올려드리는 자가 되어야 합니다. '번제'가 상징하는 것은 단순히 태우는 것만을 말하는 것이 아닙니다. '진실 된 번제'를 상징하는 '올바른 헌신'과 '예배'는 하나님의 진노를 멈추게 합니다. '진실 된 번제'는 하나님의 진노를 달래는 것만이 아니라 하나님으로부터 긍휼함을 이끌어내는 원동력이 됩니다. 형식적인 헌신과 섬김이 아니라 자신의 감정과 자아 그리고 자신이 자랑삼을 수 있는 것조차 모두 번제로 태워 하나님께 예물의 향기로 자신을 드리는 그리스도인이 되어야 합니다.

(적용)

(마 21:12~17)에 보면 예수님 당시 제사장을 비롯한 거짓된 종교 지도자들은 (레 1:3)의 말씀에 따라 하나님께 드렸던 예물을 자신들이 취합니다. 하나님의 은혜를 갈취합니다. 이 장면을 목격한 예수님께서 매매하는 사람들을 내쫓고 돈 바꾸는 사람들의 상을 엎습니다. 그리고, 양과 염소를 파는 울타리를 깨뜨립니다.

하나님 앞에 흠이 없는 것은 없습니다. 하나님께서 은혜를 베푸셔서 흠 없게 여겨 주셨기에 하나님께 드리는 예물이 됩니다. 하나님께서 베푸시는 은혜는 사람이 베푸는 것과는 차원이 다릅니다. 감정이 아니라 그 끝을 알 수 없는 하나님의 사랑으로 이루어집니다. 이런 은혜로 우리는 오늘을 살아가고 있습니다. 여기에 대해 하나님께 항상 감사하는 신앙으로 달려가는 그리스도인이 되어야 합니다.

[생각하며 나누는 시간]

1. 나를 향한 하나님의 은혜에 대해 말해봅시다

2. 나는 거룩한 신앙의 모습을 어떻게 담아내고 있는지 말해봅시다

3. 나는 신앙의 정결함을 지키기 위해 어떤 노력을 하고 있는지 말해봅시다

하나님을 향한 거룩 (레 2:4~10)

2:4 네가 화덕에 구운 것으로 소제의 예물을 드리려거든 고운 가루에 기름을 섞어 만든 무교병이나 기름을 바른 무교전병을 드릴 것이요

2:5 철판에 부친 것으로 소제의 예물을 드리려거든 고운 가루에 누룩을 넣지 말고 기름을 섞어

2:6 조각으로 나누고 그 위에 기름을 부을지니 이는 소제니라

2:7 네가 냄비의 것으로 소제를 드리려거든 고운 가루와 기름을 섞어 만들지니라

2:8 너는 이것들로 만든 소제물을 여호와께로 가져다가 제사장에게 줄 것이요 제사장은 그것을 제단으로 가져가서

2:9 그 소제물 중에서 기념할 것을 가져다가 제단 위에서 불사를지니 이는 화제라 여호와께 향기로운 냄새니라

2:10 소제물의 남은 것은 아론과 그의 아들들에게 돌릴지니 이는 여호와의 화제물 중에 지극히 거룩한 것이니라

하나님을 향한 거룩 (레 2:4~10)

　레위기는 하나님께 드리는 제사로 시작합니다. 자기 백성을 만나길 원하는 하나님의 심정을 먼저 피력하고 있습니다. 그런가 하면 제사에 대한 '다섯 가지 방식'을 알려줄 때 '번제'가 첫 번째로 소개되고 있는 것은 죄인인 인간은 하나님의 거룩성 앞에 어떤 모습으로도 접근할 수 없는 상태요, 존재라는 것을 알려주고 있습니다. 그리고 '번제'를 통해 죄 사함으로 하나님께 나아올 수 있다는 것을 알게 합니다. 레위기에 '속죄'와 관련된 단어가 45회 이상 등장하는 것도 이런 유형과 무관하지 않습니다. 그리고 두 번째로 소개되는 '소제'는 하나님의 사랑과 은혜를 발견하게 합니다. '소제'는 '선물'이라는 뜻을 가지고 있습니다.
　'소제'는 속죄의 성격을 가진 '번제'와 달리 '감사'와 '경외', '충성' 등의 성격을 나타내고 있습니다. '소제'는 곡식을 예물로 드리는 제사입니다. 하나님께서는 예물과 예식의 절차를 통해 우리에게 무엇을 가르쳐주고 있을까요? 하나님께 드려지는 모든 제사가 그렇듯이 '소제' 또한 '하나님을 향한 거룩'을 강조하고 있습니다. '소제'의 제사가 가지는 성격과 드려지는 예물 그리고 방식을 통해 하나님을 향한 거룩과 관련된 세 가지의 음성을 들려주고 있습니다.

(4~7) 하나님 말씀대로 행하는 순종이 하나님을 향한 거룩의 예물이 되어야 합니다

하나님께서는 소재와 관련하여 예물을 드릴 때 (레 2:1~3)에 의하면 '고운 가루'로 예물을 삼도록 합니다. 그리고 그 위에 기름을 붓고, 유향을 놓도록 합니다. 두 번째는 '화덕에 구운 것'으로 소제의 예물을 삼고자 했을 때는 '고운 가루'에 기름을 섞어서 만든 '무교병' 또는 기름을 바른 '무교전병'을 드리도록 합니다. 세 번째는 '철판에 부친 것'으로 예물을 삼으려면 '고운 가루'에 누룩을 넣지 말고 기름을 섞도록 합니다. 그리고 조각으로 나누고 그 위에 기름을 붓도록 합니다. 네 번째는 '냄비의 삶은 것'으로 소제를 드리려면

'고운 가루'와 기름을 섞어서 만들도록 합니다. 이렇게 소제로 드려지는 '네 가지 방식'의 예물에는 '고운 가루'만을 사용하며 '기름'을 섞도록 합니다. 그리고 '무교병'으로 드리며 '누룩'을 넣지 못하도록 명합니다.

다섯 번째는 '곡식의 첫 이삭'을 드리는 추수와 관련된 예물이 있습니다. 모든 소제물에 '소금'을 치도록 합니다. 다섯 가지 예물에서 강조되는 두 가지가 있습니다. '말씀하신 대로 행하라'이며, '거룩한 것이 되도록 하라'입니다. 종합하면 하나님을 향한 거룩의 예물은 하나님 말씀대로 행하는 순종에서 결론이 맺어진다는 것을 말하고 있습니다.

이방인의 방식을 따르는 행위와 자신이 자랑삼을 수 있는 방식은 하나님께 드려지는 거룩의 예물이 될 수 없습니다. 세상 방식이라는 '누룩'이 들어오는 것은 하나님의 거룩을 훼손하는 행위가 됩니다. 정결함과 부패를 방지하는 '소금'이 소제의 예물에 등장한 것 또한 이런 이유 때문입니다. 우리 또한 하나님의 말씀대로 행하는 순종의 모습으로 하나님을 향한 거룩의 예물이 되어야 합니다.

(8~9) 나의 중심에 하나님 한 분만을 세우는 신앙, 하나님만을 주목하고 항상 하나님께 감사하는 신앙으로 하나님께 영광을 올려드리는 하나님을 향한 거룩의 예물이 되어야 합니다

하나님께서는 소제물을 제사장에게 주고 제사장은 그 소제물을 제단 위에 불살라 하나님께 향기로운 예물의 향기가 되도록 합니다. 이 대목에서 "가져가서"라는 부분이 세 번 반복적으로 등장합니다. 세 번의 반복을 통해 예물을 드리는 자의 자세를 가르쳐주고 있습니다. 특히 '소제'의 제사는 하나님을 향한 '감사'와 '경외', '충성' 등이 그 예물 속에 새겨 있습니다. 예물을 드리는 자는 제사장을 의식하며 예물을 가져오는 것이 아니라 '하나님 얼굴'을 바라보며, '하나님께 드리는 자세'로 예물을 가져와야 합니다. 모든 영역의 중심에 하나님 한 분만을 두도록 합니다. 이런 모습이 절대로 이탈되면 안 된다는 것을 소제는 가르침을 주고 있습니다.

(창 4:3)에 의하면 가인이 드렸던 곡식의 예물인 '소제'의 제사를 하나님께서 받지 않습니다. 왜냐하면 그가 드린 예물에는 하나님을 향한 감사가 담겨 있는 것이 아니라 자신의 수고와 노력을 자랑삼는 '자기 영광'이 자리하고 있었기 때문입니다. 하나님의 거룩을 짓밟은 그의 예물은 하나님께

향기로운 향기가 되지 못했습니다.

비록 자신이 땀 흘려 거둔 소득일지라도 하나님께서 은혜를 베풀지 않으면 결실은 일어나지 않습니다. 어떤 경우도 하나님이 영광을 받으시는 자리에 사람이 서지 않아야 합니다. 나 또한 그런 것에 마음이 빼앗기지 않아야 합니다. 나의 모든 중심에 하나님 한 분만을 세우고, 하나님만을 주목하며, 항상 하나님께 감사와 영광을 올려드리는 거룩한 신앙의 모습을 잃어버리지 않아야 합니다.

(10) 하나님께 드려지는 것이 종교 행위가 되지 않도록 하나님께서 명령하신 울타리를 자신의 전인격 가운데 세워 하나님을 향한 거룩의 모습을 잃어버리지 않도록 해야 합니다

하나님께 소제의 예물을 드릴 때 제사장은 예물에 대해 두 가지의 행동을 취합니다. 소제물을 하나님께 드리는 예식의 행위를 주관합니다. 그리고 제단 위에서 불사르고 남은 소제물의 거룩한 음식을 거룩한 장소에서 먹습니다. 제사장은 소제물을 드린 자의 거룩을 지켜내기 위해 자신의 거룩도 지켜내야 합니다. 제사장의 경우 종교적 예식에서만 거룩한 것이 아니라 일상생활에서도 거룩하게 구별된 삶을 살아갈 것을 하나님께서 명합니다. 거룩의 울타리를 치도록 합니다. 왜냐하면 거룩한 모습이 무너진 채 제사장이 행한 예식은 소제를 드린 자 또한 그 악영향 가운데 놓이기 때문입니다.

거룩은 그리스도인이 이 땅을 살아가는 동안 이방인과 같은 불신자들과 구분되는 구별점입니다. 하나님께서 계명과 법도와 규례를 주신 것은 종교 행위에 따른 절차를 지키기 위한 것이 아닙니다. 타락한 세상으로부터 거룩을 지켜낼 '울타리'를 주신 것입니다. (민 15:40)은 증거합니다. "그리하여 너희가 내 모든 계명을 기억하고 행하면 너희의 하나님 앞에 거룩하리라" 하나님께서 명령하신 울타리를 세워야 합니다. 예물을 드리는 자는 예물을 드리는 자로서 지켜야 할 법이 있습니다. 하나님께 드려진 예물을 집행하는 자는 집행하는 자로서 지켜야 할 법이 있습니다. 모두 거룩을 지켜내기 위해서입니다. 하나님께서 명령하신 말씀으로 울타리를 자신의 전인격 가운데 세워 하나님을 향한 거룩을 잃어버리지 않도록 해야 합니다.

(적용)

하나님을 향한 거룩을 지켜내지 못하면 하나님을 향한 생명줄이 끊어지게 됩니다. 거룩을 지켜내기 위해서는 하나님이 영광을 받으시는 자리에 사람이 서지 않아야 합니다. 나 또한 그런 것에 마음이 빼앗기지 않도록 나의 모든 영역의 중심에 하나님 한 분만을 세우고, 섬기는 거룩의 모습을 가져야 합니다.

거룩을 지켜내는 가장 원초적이고, 근원적인 요소는 하나님의 말씀대로 순종하는 것입니다. 하나님께서 명령하신 것으로 자신의 모든 영역에 울타리를 세워야 합니다. 그리고 하나님을 향한 감사를 잊어버리지 않는 신앙의 자세를 가져야 합니다.

[생각하며 나누는 시간]

1. 하나님의 거룩함 앞에 나는 어떤 신앙으로 세워져야 할까요?

2. 하나님을 향한 거룩의 예물이 되기 위해 어떤 신앙으로 반응하는 자가 되어야 할까요?

3. 하나님을 향한 거룩의 모습을 잃어버리지 않도록 어떤 것으로 신앙의 울타리를 만들어야 할까요?

하나님과 화목을 이루는 신앙 (레 3:1~5)

3:1 사람이 만일 화목제의 제물을 예물로 드리되 소로 드리려면 수컷이나 암컷이나 흠 없는 것으로 여호와 앞에 드릴지니
3:2 그 예물의 머리에 안수하고 회막 문에서 잡을 것이요 아론의 자손 제사장들은 그 피를 제단 사방에 뿌릴 것이며
3:3 그는 또 그 화목제의 제물 중에서 여호와께 화제를 드릴지니 곧 내장에 덮인 기름과 내장에 붙은 모든 기름과
3:4 두 콩팥과 그 위의 기름 곧 허리 쪽에 있는 것과 간에 덮인 꺼풀을 콩팥과 함께 떼어낼 것이요
3:5 아론의 자손은 그것을 제단 위의 불 위에 있는 나무 위의 번제물 위에서 사를지니 이는 화제라 여호와께 향기로운 냄새니라

하나님과 화목을 이루는 신앙 (레 3:1~5)

'화목'은 문자 그대로 '연합'을 의미하며 '화해'의 성격을 가지고 있습니다. 인류의 조상인 아담이 하나님께 죄를 범함으로 말미암아 하나님과 사람 사이에 화목의 길이 막힙니다. 이 문제를 해결하기 위해 하나님께서 친히 나섭니다. 왜냐하면 죄인이 된 사람의 역할로는 하나님과 화목을 이룰 수 없기 때문입니다. 인류를 향한 '화목'은 하나님이 주체자가 되셔서 범죄한 사람을 용서하는 전적인 은혜 가운데 이루어지게 됩니다. 하나님의 주도적이고, 전폭적인 사랑과 친교의 요청이 없었더라면 우리는 하나님과 '화해'를 이루는 '화목'이 아니라 영원히 죄와 사망 아래 종노릇할 수밖에 없는 존재가 되었을 것입니다.

하나님과 '화목'은 우리의 어떤 행위로도 이루어질 수 없습니다. 오직 하나님의 은혜로만 이루어진 것이기에 우리는 이런 하나님께 늘 감사하는 마음을 가져야 합니다. 그렇다면 화목을 이루길 원하시는 하나님 앞에 우리는 어떤 신앙의 자세로 임해야 할까요?

(1~2) 형식과 방법의 가증한 신앙의 모습을 취하지 말고 하나님을 향한 진정한 회개의 신앙으로 하나님과 더욱 깊은 화목을 이루어가며 자신의 영혼을 맑게 만들어가는 신앙의 자세를 가져야 합니다

하나님께 드려지는 화목제는 제사를 드리는 쪽과 제사를 받는 쪽 모두가 완전한 '평화'로 상호 관계가 유지되는 것을 목적으로 하고 있습니다. 화목제에 쓰인 '쉘라밈'이라는 단어는 '평화'를 의미하는 '샬롬'에서 파생된 단어로서 화목이 추상적인 개념이 아니라 일상생활과 아주 밀접하고 구체적인 관계를 가지고 있음을 밝히고 있습니다. 이런 화목제에 드려지는 예물은 소나 양이나 염소 등으로 드리되 드리는 자의 마음과 경제적인 여건에 따라 마음껏 드려질 수 있도록 예물에 대해 열려 있는 제사입니다. 화목제의 예물을 소로 드리고자 하는 사람은 소의 '흠 없는 것'이라면 수컷과 암컷을 가리지 않고 모두 예물로 드려질 수 있었습니다.

하나님과 화목을 이룰 때 드려지는 예물이 소일 경우 수컷과 암컷의 구별이 없었던 것처럼, 드려지는 예물의 양과 관계가 없는 것처럼, 하나님께 화목으로 나아오는 자는 부자든, 가난한 자든, 사회적으로 성공한 자든, 실패한 자든, 많은 지식을 가진 자든, 배우지 못한 자든, 죄인이든, 누구를 막론하고 하나님 앞에서는 동일합니다.

하나님은 하나님과 화목을 위해 나아오는 자는 누구를 막론하고 그를 외면하지 않습니다. 형식과 방법의 가증한 신앙의 모습을 하지 말고 하나님을 향한 진정한 회개의 신앙으로 나아와야 합니다. 회개의 신앙으로 하나님과 더욱 깊은 화목을 이루어가며 자신의 영혼을 맑게 만들어가야 합니다. 회개의 신앙으로 화목을 이루어 영원한 하나님 나라의 '참 평안'의 주인공이 되어야 합니다.

(3~4) 가증스러운 신앙의 겉치레 모습을 거두어내고 전인격적으로 하나님과 화목을 이루어가는 신앙의 걸음을 걸어가야 합니다

종교성이 매우 짙었던 고대사회는 인간의 감정과 생각이 어디에서 나오는지 매우 깊은 관심을 가지고 있었습니다.

이런 가운데 사람과 짐승의 생각과 감정은 '내장'과 '콩팥' 그리고 '간'에서 나온다고 판단하였습니다. 특히 메소포타미아 지역의 사람들은 '사람의 혼'을 '콩팥'과 '간'에 있다고 보았습니다. 이런 고대 근동 사회는 고기의 가장 귀한 부분을 '부드러운 살' 부위가 아니라 '내장'과 '간' 그리고 '콩팥'에 붙은 지방 부위로 여기고 있었습니다. 성경에 따르면 화목제물 중에서 하나님께 드려지는 것은 고기가 아니라 내장에 덮인 기름과 내장에 붙어있는 모든 기름이며, 두 콩팥과 그 위의 기름과 간에 덮인 꺼풀이었습니다. 이것을 하나님께 태워 드리면 하나님께서는 향기로운 예물로 받으신다고 말씀합니다.

하나님과 화목을 이루기 위한 제사에 '내장에 덮인 기름'과 '내장에 붙은 모든 기름', '두 콩팥'과 '간에 덮인 꺼풀'을 드리도록 합니다. 하나님과 진정한 화목은 물질로 이루어지는 것이 아니라 하나님을 향해 나아오는 그 사람의 '지.정.의'에 의해 이루어진다는 것을 말하고 있습니다. 하나님과 화목을 이루려면 신앙의 인격을 만들어야 합니다. 가증스러운 신앙의 겉치레 모습으로는 신앙의 인격을 담아낼 수 없습니다. 하나님을 향한 '전인격적인 예배'를 통해 신앙의 인격을 만들어가야 합니다. 그리고 말씀이 삶이 되는 신앙의 인격을 만들어가야 합니다. 하나님은 하나님의 이름에 합당한 영광을 돌리며 거룩한 옷을 입고 하나님을 예배하는 자, 하나님의 말씀을 삶으로 성화시켜 그 말씀의 터를 이루는 자는 (신 28장)의 복으로 응답한다는 것을 잊지 않아야 합니다.

(5) 세상의 영혼들이 하나님과 화목을 이룰 수 있도록 자신의 헌신과 희생을 번제단에 예물로 드리는 신앙의 자세를 가져야 합니다

이스라엘 백성들이 하나님께 드렸던 제사 가운데 화목제만이 기쁨과 마음을 함께 나눌 수 있는 제사였습니다. 이런 화목제는 단독적으로 드려지는 제사가 아니라 헌신이 바탕이 된 상태에서만 드려질 수 있었습니다. "번제물 위에서 사를지니" 번제가 먼저 이루어져야 화목제를 드릴 수 있습니다. 하나님과 화목을 이루길 원하십니까? 그러면 먼저 형제와 이웃과 화목을 이루는 자가 되십시오. (마 5:24)은 말합니다. "예물을 제단 앞에 두고 먼저 가서 형제와 화목하고 그 후에 와서 예물을 드리라" 자신을 '번제물' 위에 올려야 합니다. 헌신과 희생이 바탕이 되어야 합니다. 이렇게 '화목'

을 이루는 자의 발걸음을 하나님은 축복합니다.

　우리가 하나님과 화목을 이룰 수 있었던 것은 예수 그리스도의 자기 헌신과 희생이 있었기 때문입니다. 예수 그리스도의 십자가 신앙 위에 자신을 올려놓고 예수님의 모습처럼 자신을 불살라야 합니다. "이는 화제라 여호와께 향기로운 냄새니라!" 하나님께서는 이 모습을 너무나도 기뻐합니다. 예수 그리스도의 십자가 신앙 위에 자신을 올려놓고 헌신 된 모습으로 자신을 불살라 영혼들을 하나님께로 인도하는 화목을 이루어가는 성도가 되어야 합니다. 하나님께서는 이런 우리들을 향해 긍휼하심의 은혜로 응답해 준다는 것을 잊지 맙시다.

(적용)

　하나님께서는 화목제를 통해 위로는 하나님과 화목을, 땅 아래에서는 사람과 사람 사이의 화목을 이루기를 원합니다. 하나님께서는 화목의 예물 가운데 사람들이 먹기에 좋은 고기 부분을 화제로 하나님께 드리지 말고 남겨두도록 합니다. 그리고 사람들로 하여금 그 예물의 고기를 서로 나누어 먹으면서 하나님을 바라보며 화목을 이루게 합니다.

　하나님께서 죄인 된 우리를 향해 화목의 손길을 펼치신

것처럼 우리도 중보자 되시는 예수 그리스도를 앞세워 세상을 향해 화목을 이루어내는 선한 사역을 펼쳐나가야 합니다. 예수 그리스도의 가슴으로 하나님의 사랑을 전하며 화목을 이루는 자가 됩시다. 세상의 영혼들을 원수 된 것처럼 두부 자르듯이 자르는 자가 아니라 품는 사랑의 가슴을 가진 자가 됩시다. 이렇게 화목을 이루어내는 자를 하나님은 기뻐합니다.

[생각하며 나누는 시간]

1. 하나님과 화목을 이루기 위해 나는 어떤 신앙의 모습으로 반응해야 할까요?

2. 하나님과 화목을 이루는 일을 방해하는 요소가 나의 삶 가운데 있다면 어떤 것이 있는지 말해봅시다

3. 세상의 영혼들이 하나님과 화목을 이루어 갈 수 있도록 내가 해야할 역할이 있다면 말해봅시다

소홀함이 없어야 합니다 (레 4:1~12)

4:1 여호와께서 모세에게 말씀하여 이르시되
4:2 이스라엘 자손에게 말하여 이르라 누구든지 여호와의 계명 중 하나라도 그릇 범하였으되
4:3 만일 기름 부음을 받은 제사장이 범죄하여 백성의 허물이 되었으면 그가 범한 죄로 말미암아 흠 없는 수송아지로 속죄제물을 삼아 여호와께 드릴지니
4:4 그 수송아지를 회막 문 여호와 앞으로 끌어다가 그 수송아지의 머리에 안수하고 그것을 여호와 앞에서 잡을 것이요
4:5 기름 부음을 받은 제사장은 그 수송아지의 피를 가지고 회막에 들어가서
4:6 그 제사장이 손가락에 그 피를 찍어 여호와 앞 곧 성소의 휘장 앞에 일곱 번 뿌릴 것이며
4:7 제사장은 또 그 피를 여호와 앞 곧 회막 안 향단 뿔들에 바르고 그 송아지의 피 전부를 회막 문 앞 번제단 밑에 쏟을 것이며

4:8 또 그 속죄제물이 된 수송아지의 모든 기름을 떼어낼지니 곧 내장에 덮인 기름과 내장에 붙은 모든 기름과
4:9 두 콩팥과 그 위의 기름 곧 허리쪽에 있는 것과 간에 덮인 꺼풀을 콩팥과 함께 떼어내되
4:10 화목제 제물의 소에게서 떼어냄 같이 할 것이요 제사장은 그것을 번제단 위에서 불사를 것이며
4:11 그 수송아지의 가죽과 그 모든 고기와 그것의 머리와 정강이와 내장과
4:12 똥 곧 그 송아지의 전체를 진영 바깥 재 버리는 곳인 정결한 곳으로 가져다가 불로 나무 위에서 사르되 곧 재 버리는 곳에서 불사를지니라

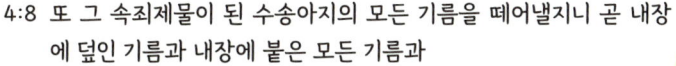

소홀함이 없어야 합니다 (레 4:1~12)

　　레위기가 '다섯 가지 제사' 가운데 네 번째로 소개하는 '속죄제'는 죄를 범한 당사자가 하나님께 제사로 나아가는 내용을 다루고 있습니다. '번제'가 사람의 죄성에 대해 말하고 있다면 '속죄제'는 모든 사람은 죄인이라는 것을 알게 합니다. 그리고 모든 사람은 죄악 가운데 항상 노출되어 있다는 것을 말하고 있습니다. 레위기는 이런 '속죄제'를 다룰 때 제일 먼저 제사장을 언급합니다. 제사장은 백성들을 대신하여 제사를 집례합니다. 그럼에도 불구하고 그 또한 하나님 앞에 거룩하게 자신을 세워야 할 존재입니다. 제사장 또한 하나님을 향한 신앙에 소홀함이 생기면 심각한 문제를 초래하게 됩니다. 제사장의 허물은 곧 백성의 허물이 되기 때문입니다.

　　신앙에 소홀함이 없어야 합니다. 제사장이 속죄제를 드

리는 이유와 예물과 방식을 봅니다. 우리 또한 신앙에 소홀함이 생기지 않도록 자신의 신앙에 대해 점검하고 신앙을 바르게 세워나가야 합니다. 무엇을 점검하고, 어떻게 신앙을 세워나가야 신앙에 소홀함이 생기지 않을까요?

(1~4) 신앙에 대해 자신하거나 자만하다가 넘어지는 자가 되지 않도록 하나님의 말씀으로 신앙을 점검하며 신앙에 소홀함이 생기지 않도록 해야 합니다

하나님께서는 모세를 통해 말씀을 줍니다. 제사장이 범죄하게 되면 그 죄는 '개인의 죄'로 매듭되는 것이 아니라 '백성의 허물'이 된다는 것을 알게 합니다. 그러므로 제사장의 속죄는 일반 백성들의 속죄와 내용이 달랐습니다. 속죄 가운데 드리는 예물이 이런 내용을 잘 대변하고 있습니다. 드리는 예물을 '흠 없는 수송아지'가 되도록 합니다. '5대 제사'의 예물 가운데 가장 큰 규모의 예물입니다. '수송아지'는 백성 전체를 담아내는 성격을 가지고 있습니다. 이것은 제사장 한 사람의 범죄가 공동체 가운데 얼마나 큰 악영향을 끼치는지 대변합니다.

(민 20:8 이하)에 의하면 이스라엘 백성들을 이끌었던 지도자 모세와 제사장으로 세움을 받았던 아론이 '가데스'에서 '물' 문제로 백성들과 다툽니다. 모세와 아론은 하나님께서 바위에 명하도록 한 말씀에 순종하지 않습니다. '르비딤'의 경험을 살려 지팡이로 바위를 칩니다. 하나님께서는 모세와 제사장인 아론에게 불신앙의 값을 묻습니다. (민 20:12)은 증거합니다. "너희가 나를 믿지 아니하고 이스라엘 자손의 목전에서 내 거룩함을 나타내지 아니한 고로 너희는 이 회중을 내가 그들에게 준 땅으로 인도하여 들이지 못하리라" 신앙에 대해 하나님은 반드시 그 값을 묻습니다. 지도자의 위치에 있을수록 하나님은 그 값을 더 엄중하게 묻습니다.

　신앙에 대해 자신하거나 자만하다가 넘어지는 자가 되지 않아야 합니다. 신앙의 경계선을 만들어야 합니다. 다림줄의 말씀인 하나님의 말씀으로 신앙의 경계를 만들어야 삐뚤어진 신앙의 모습이 되지 않습니다. 하나님의 말씀으로 신앙을 점검해야 합니다. 그렇게 해야 신앙에 소홀함이 생기지 않습니다. 이것을 철저히 지켜야 합니다. 여기에 대해 소홀하면 신앙이 (사 28:7)의 말씀처럼 옆 걸음을 치게 됩니다. 이런 일이 생기지 않도록 자신을 하나님의 말씀으로 날마다 동여매어야 합니다.

(5~10) 기도의 통로를 막는 죄악이 자신을 다스리지 못하도록 전인격이 하나님을 향해야 하며 이 일에 잠시도 소홀함이 없도록 삶을 번제단 위에 올려놓는 신앙의 자세를 가져야 합니다

'수송아지'의 머리에 안수합니다. 그 수송아지를 여호와 앞에서 잡습니다. 제사장은 '그 피'를 가지고 회막으로 들어갑니다. 손가락에 피를 찍어 '성소의 휘장 앞'에 일곱 번 뿌립니다. '그 피'를 '회막 안 향단 뿔들'에 바릅니다. '남은 피'는 '번제단 밑'에 쏟습니다. 이것으로 끝나지 않습니다. 첫 번째는 생명과 관련된 '피'가 사용되었다면 두 번째는 '수송아지'의 정해진 것을 번제단 위에서 불사릅니다. '내장에 덮인 기름'과 '붙은 기름' 그리고 '두 콩팥'과 '그 위의 기름', '간에 덮인 꺼풀' 등을 불사릅니다. '피'가 죄 사함과 관계있다면 '내장'과 '기름' 그리고 '콩팥'과 '간'은 '감정'과 '생각' 등 마음에 담겨 있는 '전인격적인 요소'를 담고 있습니다. 그리고 이것을 불태운다는 것은 '전인격적'으로 죄를 자복하는 '참 회개'를 나타내고 있습니다.

또 하나 중요한 것이 있습니다. '향단'입니다. (시 141:2)과 (계 5:3) 등에 의하면 하나님을 향한 '기도'를 상징합니다. '향단 뿔들'에 피를 바르는 것은 죄로 인해 막힌 기도의 통로를 여는 역할을 합니다. 행위 가운데 있었던 죄, 마음의 생각으로 일어났던 모든 죄는 하나님을 향한 기도의 문을 닫아버리는 역할을 합니다. 하나님을 향한 기도의 통로를 막는 죄악이 자신을 다스리지 못하도록 전인격이 항상 하나님을 향하도록 신앙의 터를 만들어가야 합니다. 죄악 된 감정, 죄악 된 생각을 회개의 번제단에서 불태워야 합니다. 이런 일에 잠시도 소홀함이 없도록 자신의 삶을 회개의 번제단 위에 올려놓는 신앙의 자세를 가져야 합니다.

(11~12) 죄는 어떤 사소한 것도 용납하지 않는다는 분명한 신앙의 자세를 가져야 하며 이런 신앙의 모습에 소홀함이 생기지 않도록 신앙의 울타리를 견고하게 세워나가는 신앙의 자세를 가져야 합니다

하나님께서는 제사장의 속죄제의 예물이 '수송아지'라는 것을 통해 제사장의 책임이 일반 백성의 무게를 넘어선다는 것을 말씀합니다. 그리고 '콩팥'과 '간', '모든 기름'을 통해 전인격적으로 신앙을 굳게 세우지 않으면 안 된다는 것을 각인시킵니다. 이런 예물의 귀중함 뒤에 소홀하게 다룰 수 있는 것들이 있었습니다. 제단에 드린 것이 아니기 때문에

소홀히 여길 수 있는 것들입니다. 번제에서 태우지 않았던 '가죽'을 소유물로 삼지 말고 불에 태우도록 합니다. 그리고 화목제에서 태우지 않았던 '고기'도 남기지 말고 모두 태우도록 합니다. '머리'와 '정강이', '내장' 심지어 '똥'을 비롯한 '그 송아지의 전체'를 다 태우도록 합니다. 번제를 드릴 때 송아지를 부위별로 잘라서 태워드렸던 것과는 달리 쪼개지 않은 상태에서 통째로 '수송아지'를 태우라고 명령합니다.

    그리고 '똥'은 거룩함과 구별된 진영 바깥에서 불사르도록 합니다. 정결하게 되지 않고는 제사장이라도 하나님을 만날 수 없다는 점을 강조하고 있습니다. (마 23:25)에 의하면 예수님께서는 자기 탐욕과 방탕에 사로잡혀 하나님께 '외식하는 자'의 모습을 하고 있었던 서기관들과 바리새인들에게 '화'가 임할 것을 선포합니다. 번제에서 태우지 않았던 '가죽'과 '화목제'에서 태우지 않았던 '고기'까지 '속죄제'에서 모두 태웠던 것처럼 심지어 '똥'까지 '진영 밖에서' 태웠듯이 죄는 어떤 사소한 것도 용납하지 않아야 합니다. 여기에 대해 하나님의 법도와 규례로 울타리를 세워나가는 분명한 신앙의 자세를 가져야 합니다.

(적용)

신앙은 누구도 자신할 수 없습니다. 제사장은 괜찮을 것이야! 괜찮지 않습니다. 모세와 아론이 범한 죄, 엘리와 그의 아들이었던 홉니와 비느하스가 범한 죄는 신앙의 소홀함으로 일어났던 대표적인 사건들입니다. 삶과 신앙은 하나입니다. 삶과 신앙에 소홀함이 생기면 마귀에게 공격 대상이 됩니다. (벧전 5:8)은 증거하고 있습니다. 신앙과 삶이 이탈하여 세속으로 가는 빈틈이 조금이라도 보이면 마귀에게 삼킴을 당하게 됩니다. 삶과 신앙에 대해 하나님의 법도와 규례로 울타리를 세워야 합니다. 죄는 어떤 사소한 것도 용납하지 않는 신앙의 울타리를 세워 하나님의 결실을 풍성히 맺어가는 성도가 되어야 합니다.

[생각하며 나누는 시간]

1. 하나님을 향한 신앙에 소홀함이 생기지 않도록 하려면 내 자신이 하나님을 향하여 어떤 모습으로 세워져야 할까요?

2. 기도의 통로를 막고 있는 죄악이 나를 다스리지 못하도록 하기 위해 나는 어떤 신앙의 자세를 취해야 하는지 말해봅시다

3. 죄의 어떤 사소한 부분도 용납하지 않기 위해 나는 어떤 신앙의 자세를 가져야 하는지 말해봅시다

신앙의 규범을 잘 지킵시다 (레 5:14~19)

5:14 여호와께서 모세에게 말씀하여 이르시되
5:15 누구든지 여호와의 성물에 대하여 부지중에 범죄하였으면 여호와께 속건제를 드리되 네가 지정한 가치를 따라 성소의 세겔로 몇 세겔 은에 상당한 흠 없는 숫양을 양 떼 중에서 끌어다가 속건제로 드려서
5:16 성물에 대한 잘못을 보상하되 그것에 오분의 일을 더하여 제사장에게 줄 것이요 제사장은 그 속건제의 숫양으로 그를 위하여 속죄한즉 그가 사함을 받으리라
5:17 만일 누구든지 여호와의 계명 중 하나를 부지중에 범하여도 허물이라 벌을 당할 것이니
5:18 그는 네가 지정한 가치대로 양 떼 중 흠 없는 숫양을 속건제물로 제사장에게로 가져갈 것이요 제사장은 그가 부지중에 범죄한 허물을 위하여 속죄한즉 그가 사함을 받으리라
5:19 이는 속건제니 그가 여호와 앞에 참으로 잘못을 저질렀음이니라

신앙의 규범을 잘 지킵시다 (레 5:14~19)

죄인인 사람이 하나님을 향해 나아갈 수 있는 길은 사람 편에서는 존재하지 않습니다. 하나님께서 막힌 길 위에 은혜를 베풀어주셔야 하나님을 만날 수 있는 길이 열립니다. 그 길이 제사였습니다. 하나님께서 열어주신 다섯 가지 제사 가운데 '속건제'는 일종의 관계적인 측면에서 생겨난 것으로 번제와 속죄제와는 달리 배상적인 측면이 강조되고 있습니다.

속건제는 '성물'에 대해, 계명을 범한 것에 대해, 사람과 사람 사이에 범한 죄에 대한 문제를 다루고 있습니다. 특히 속건제는 신앙의 규범을 잘 지키지 않았을 때와 연결됩니다. 속건제는 신앙에 소홀함이 생겨나지 않도록 우리로 하여금 신앙과 삶을 늘 돌아보게 하는 제사 제도이기도 합니다. 이런 속건제가 우리에게 신앙의 규범에 대해 어떤 교훈을 주고 있을까요?

(14~16) 하나님의 법도와 규례를 성실히 지켜나가도록 하나님께서 정해 놓은 신앙의 규범을 잘 살펴야 합니다. 그리고 신앙에 틈이 생기지 않도록 계속해서 신앙의 규범을 잘 살피는 신앙의 자세를 가져야 합니다

속건제 가운데 하나님께 드려진 성물에 대해 '부지중'에 범한 과실에 대한 조치입니다. 속건제는 '부지중'에 범한 죄이지만 이것을 실수였다고 용인하거나 '부지중'에 범한 것이라고 무마되지 않는다는 것을 교훈하고 있습니다. 하나님께 드린 '성물'은 매우 중요합니다. 여호와께 드린 '제물', '십분의 일로 드린 것', '곡식의 첫 소산', '생물의 처음 난 것' 등 여호와께 드린 모든 성물에 대해 부지중 죄를 범한 것이 있을 때입니다. '부지중'이라는 것은 계획적이거나 의식적으로 행하지 않은 것을 말합니다. 하나님의 거룩하심과 관계가 있는 '성물'에 대해 부지중이라도 소홀한 부분이 있었다면 이것 또한 하나님 앞에 지켜야 할 신앙의 규범을 소홀히 여겼기 때문에 생겨난 것입니다.

속건제로 '숫양' 외에 드려지는 '오분의 일'은 일종에 추가되는 '보상' 또는 '벌금'의 의미를 가지고 있습니다. 설령 '성물'에 대해 소홀하게 한 것이 실수였다고 할지라도 범한 과실에 대해 '숫양'으로 속죄를 하고, 범한 '성물'에 대해 '오분의 일'을 예물로 배상하도록 합니다.

　(왕하 15:4)과 (대하 26:16 이하)에 의하면 제사장이 행해야 할 향단의 분향을 웃시아 왕이 행하려 했던 사건이 있습니다. 하나님의 법도와 규례를 소홀히 여기고 행했다가 하나님으로부터 '나병'이라는 중한 징벌을 받습니다. 하나님의 법도와 규례를 성실히 지켜나가도록 하나님께서 정해 놓은 신앙의 규범을 잘 살펴야 합니다. 그리고 신앙에 틈이 생기지 않도록 계속해서 신앙의 규범을 잘 살피는 신앙의 자세를 가져야 합니다.

(17~18) 신앙에 틈이 생기지 않도록 습관처럼 하나님의 말씀으로 자신의 신앙과 영적인 상태를 비춰보는 신앙의 자세를 가져야 합니다

　속건제는 '성물'에만 해당되는 것이 아닙니다. '여호와의 계명'을 부지중에 범했을 때입니다. 여기에 대해 '숫양'이

속죄의 제물로 드려집니다. 자신이 지은 죄를 알지 못한다고 해서 죄가 없는 것이 아닙니다. 죄는 그 범위가 매우 다양하고, 광범위합니다. 세상은 죄의 기준을 두 가지 유형으로 나눕니다. 하나는 법이라는 것을 정하여 그것을 벗어나는 것을 죄로 여깁니다. 또 다른 하나는 양심이 기준이 됩니다. 그러나 법도, 양심도 시대에 따라 달라지고, 환경에 따라 달라지고, 생각에 따라 기준이 달라집니다. 실질적으로 정의가 없습니다. (딤전 4:2)의 말씀처럼 화인을 맞은 '양심'은 거짓을 참인 것처럼 제시하기도 합니다. 죄를 짓고도 하나님의 말씀으로 자신을 비춰보지 않으면 자기가 죄를 짓고 있는지 알지 못합니다.

하나님께서 계명을 통해 금한 것과 그렇게 하라고 명한 것에 귀를 기울이고, 관심을 가져야 합니다. 사람이 죽을 수밖에 없는 존재가 된 것도 (창 2:17)의 "선악을 알게 하는 실과를 먹지 말라 먹는 날에는 반드시 죽으리라"라고 하나님께서 명하신 계명에 대해 소홀함이 있었기 때문입니다. 큰 댐이 붕괴하는 것도 눈에 보이지 않는 미세한 균열로부터 시작됩니다. 신앙에 미세한 틈이 생기면 마귀는 그것을 정확하게 보고 있다가 그 틈새를 밀고 들어옵니다. 그리고 모든 환경에 가라지와 유혹의 씨앗을 뿌립니다. 악한 열매를 맺게 만들고, 무너지는 효력을 발하게 합니다. 신앙에 틈이 생기지 않도록 습관처럼 하나님의 말씀으로 자신의 신앙과 영적인 상태를 늘 비춰보는 신앙의 자세를 가져야 합니다.

(19) 죄는 다양성을 가지고 있습니다. 부주의로 일어날 수 있는 오해의 가능성도 철저히 배제하는 신앙의 자세를 가져야 합니다

부지중에 여호와께서 금한 것을 범하였다면 "몰랐기 때문에 괜찮아"가 아닙니다. 사람을 위로하기 위해 그렇게 말할 수는 있습니다. 그러나 이런 신앙의 지도 또한 잘못된 것입니다. 그 사람에게 '더 큰 불행'을 선물한 꼴이 됩니다. 하나님 앞에 죄를 범하고도 죄가 죄인 줄 모르는 상태가 되는 데 도움을 준 꼴입니다.

속건제를 드리는 것은 그 사람에게 신앙의 지도가 있었다는 증거이며, 속건제를 드리는 사람은 그 신앙의 지도를 겸손히 받아들였다는 것을 말합니다. 이런 신앙의 모습으로 하나님께 나온 속건제를 하나님께서는 거부하지 않습니다. "이는 속건제니 그가 여호와 앞에 참으로 잘못을 저질렀음이니라"

속건제가 '성물'과 '하나님의 계명'을 부지중에 범했을 때 드리는 제사였다면 '사람과 사람 사이'에 일어난 범죄에 대해서도 말을 합니다. '이웃이 맡긴 물건'이나 '전당물'을 속이거나 도둑질하고, 착취하고도 사실을 부인한 것에 대해 하나님은 그 값을 묻고 있습니다. 심지어 남이 잃은 물건을 줍고도 사실을 부인하여 거짓 맹세 한 것에 대해 모든 것을 돌려주도록 합니다. 그리고 그 본래의 물건에 '오분의 일'을 그 임자에게 배상하고 '숫양'을 속죄의 제물로 드리도록 합니다. 여기에 대한 모든 것의 증인은 하나님입니다. 그러니 속일 수 없습니다. 하나님의 법도와 규례로 울타리를 잘 만들면 만복을 누릴 근원이 만들어지고 조성됩니다. 부주의로 일어날 수 있는 오해의 가능성도 법도와 규례로 울타리를 잘 만들어 철저히 배제하는 신앙의 자세를 가져야 합니다.

(적용)

속건제는 크게 세 가지 유형으로 드려집니다. '성물에 관한 죄', '여호와의 계명을 범한 죄', '사람 사이에 범한 죄'와 관련됩니다. 이 세 가지 모두의 공통점은 '숫양'으로 속죄를 드려야 한다는 것입니다. 그리고 '성물'과 '사람 사이'에 범한 죄는 거기에 합당한 '오분의 일'을 배상하도록 합니다.

속건제는 전체적으로 우리를 향해 "신앙의 규범을 잘 지키는 자가 되어라"라고 영적인 음성을 들려주고 있습니다. 하나님의 법도와 규례로 신앙의 울타리를 잘 만들어야 합니다. 속건제는 하나님의 법도와 규례에 대해 부지중 또는 그 말씀을 소홀히 여김으로써 발생한 문제를 다루고 있습니다. 하나님의 법도와 규례로 신앙의 울타리를 잘 만들면 들어가도 복이 있고, 나가도 복이 있습니다. 신앙의 규범을 잘 지켜나가는 성도가 되어야 합니다.

[생각하며 나누는 시간]

1. 신앙에 틈이 생기지 않도록 나는 어떤 자세로 반응하고 있는지 말해 봅시다

2. 신앙에 틈이 생기지 않도록 습관처럼 하나님의 말씀으로 나의 영적 상태를 비춰보고 있는지 말해봅시다

3. 신앙의 부주의로 인해 일어났던 일이 있었다면 어떤 일이 있었는지 말해봅시다

불이 꺼지지 않게 하라 (레 6:8~13)

6:8 여호와께서 모세에게 말씀하여 이르시되

6:9 아론과 그의 자손에게 명령하여 이르라 번제의 규례는 이러하니라 번제물은 아침까지 제단 위에 있는 석쇠 위에 두고 제단의 불이 그 위에서 꺼지지 않게 할 것이요

6:10 제사장은 세마포 긴 옷을 입고 세마포 속바지로 하체를 가리고 제단 위에서 불태운 번제의 재를 가져다가 제단 곁에 두고

6:11 그 옷을 벗고 다른 옷을 입고 그 재를 진영 바깥 정결한 곳으로 가져갈 것이요

6:12 제단 위의 불은 항상 피워 꺼지지 않게 할지니 제사장은 아침마다 나무를 그 위에서 태우고 번제물을 그 위에 벌여 놓고 화목제의 기름을 그 위에서 불사르며

6:13 불은 끊임이 없이 제단 위에 피워 꺼지지 않게 할지니라

불이 꺼지지 않게 하라 (레 6:8~13)

　번제는 상번제와 정결 의식에 따라 드려지는 번제 그리고 절기와 안식일에 드려지는 번제 등으로 나눠집니다. 이 가운데 상번제는 늘 드리는 제사로서 제사장은 매일 저녁에 한 마리의 양을 번제단 위에 드려 아침까지 태웁니다. 그리고 또 한 마리를 취하여 아침에 번제단 위에서 태웁니다. 이와 같이 상번제는 향기로운 냄새가 제단에서 끊어지지 않도록 하는 중요한 기능과 역할을 감당하고 있습니다. 이때 쓰이는 제물은 1년 된 흠 없는 어린 숫양이어야 합니다.
　번제는 제물을 태워서 하나님께 드리는 제사입니다. 그러므로 번제물을 태울 제단의 불은 매우 중요합니다. 상번제에서 제사장의 중요한 역할 가운데 하나는 제단의 불이 꺼지지 않도록 하는 것입니다. 여기서 하나님께 드리는 번제단의 꺼지지 않아야 할 불은 우리에게 어떤 교훈을 주고 있을까요?

(8~9) 하나님을 향한 예배의 불이 꺼지지 않도록 항상 마음이 하나님의 전을 향하는 신앙의 자세를 가져야 합니다

번제단에 올려진 제물을 태우기 위해서는 제단의 불이 꺼지지 않아야 합니다. 불은 번제단의 주요한 기능 가운데 하나입니다. 특히 번제단의 불은 24시간 꺼지지 않아야 합니다. 그리고 그 번제단 위에 제물이 아침, 저녁으로 올려집니다. 제사장은 하나님께 올려드리는 예물의 향기를 24시간 끊어지지 않게 해야 합니다. 이렇게 매일 드려진다고 하여 '상번제'라고 불립니다. 번제를 끊어지지 않고 아침과 저녁으로 상번제를 드리는 것은 여호와를 향한 끊임없는 헌신을 나타내고 있습니다. 더 깊게 이야기하면 하나님을 향한 예배가 끊어지지 않도록 한다는 의미를 가지고 있습니다.

하나님께서는 본문 (9절)에서 '불이 그 위에서 꺼지지 않도록' 명령하셨습니다. 하나님께서는 늘 사람이 자신과 교제를 가지길 원합니다. 하나님께서는 예배를 통해 끊임없이 우리를 만나길 원합니다. 다윗은 하나님을 향한 예배의 불을 꺼지지 않도록 항상 마음이 하나님의 전을 향했던 대표적인 인물입니다. 그의 아둘람 시절과 헤브론의 시간은 하나님의 기억에 새겨 있습니다. 죄인의 모습으로 하나님 앞에 설 수없는 우리는 우리 죄를 대속해주신 속죄의 제물이요, 하나님을 향한 번제물인 예수 그리스도를 통해 새벽마다, 밤마다 하나님을 만나는 신앙의 걸음을 걸어가는 자가 되어야 합니다. 하나님을 향한 예배의 불이 꺼지지 않도록 해야 합니다. 항상 마음의 발걸음이 하나님의 전을 향하는 신앙의 자세를 가져야 합니다.

(10~11) 거룩을 지켜내는 신앙의 개혁을 통해 하나님을 향한 신앙의 불씨가 꺼지지 않도록 해야 합니다

하나님께서는 제사장이 제사 가운데로 나올 때 반드시 지켜야 할 규례를 말씀합니다. 번제단에서 제물을 태울 때는 '세마포 긴 옷'을 입고 '세마포 속바지'로 하체를 가리도록 합니다. 그리고 '다 탄 재'를 진 바깥 정결한 곳으로 가져갈 것을 명합니다. 이때 제사장은 입었던 '세마포 긴 옷'과 '세마포 속바지'를 벗어놓도록 명합니다. 제사장이 '세마포 긴 옷'과 '세마포 속바지'를 입는 이유는 하나님 앞에서 거룩을 지켜내기 위해서입니다. 번제단에서 제물을 태우는 거룩한 일을 행할 때 자신의 안과 밖을 하나님 앞에 거룩히 세워야 한다는 것을 '세마포 긴 옷'(밖)과 '세마포 속바지'(안)는 표현하고 있습니다.

반면 '다 탄 재'를 진 바깥 정결한 곳으로 가져갈 때는 이런 '세마포 긴 옷'과 '세마포 속바지'를 벗어놓고 다른 옷을 입도록 합니다. '세마포 긴 옷'과 '세마포 속바지'를 입을 때와 벗어놓고 다른 옷을 입을 때가 있습니다. 하나님께서 이것을 명하고 있는 것은 거룩을 지켜내는 본분을 망각하지 않도록 하기 위한 조치였습니다. 거룩을 지켜내는 분명한 의식을 가지도록 주지시켜 주고 있습니다. 시대는 변해도 하나님을 향한 신앙의 모습은 변할 수 없습니다. 하나님을 향한 거룩의 신앙을 지켜나가야 합니다.

시대가 변했다고 신앙의 변혁을 요구하는 시대의 부름은 하나님의 음성이 아닙니다. 거룩을 지켜내는 신앙으로 날마다 신앙을 개혁시켜야 합니다. 변혁이 아닙니다. 거룩을 지켜내는 신앙의 개혁을 통해 하나님을 향한 신앙의 불씨가 꺼지지 않도록 해야 합니다.

(12~13) 불신앙과 패배주의 요소를 가질 수 있는 묵은 신앙의 찌꺼를 거둬내고 하나님 나라를 향한 신앙이 자신의 심령 가운데 꺼지지 않는 불이 되도록 해야 합니다

　　제사장은 번제단에 대해 상번제가 끊어지지 않도록 드릴 제물을 예비해야 합니다. 그리고 불이 꺼지지 않도록 잘 관리해야 할 직무가 주어집니다. 불을 끊임없이 제단 위에 피우기 위해 '나무'를 그 위에서 태우도록 합니다. "불은 끊임이 없이 제단 위에 피워 꺼지지 않게 할지니라" 불을 끊임없이 피우기 위해서는 반드시 취해야 할 조치가 있습니다. 불 위에 나무만 올려놓는다고 문제는 해결되지 않습니다. 다 탄 재가 불을 덮어 불씨가 죽을 수 있습니다. 이미 재가 되어 더 이상 탈 수 없는 것은 바깥으로 걷어내야 합니다. 그리고 그 위에 새로운 나무를 올려야 불이 나무에 옮겨붙어 꺼지지 않습니다. "꺼지지 않게 하라" 자신의 심령 가운데 하나님 나라를 향한 신앙의 불이 꺼지지 않도록 해야 합니다.

　　하나님 나라를 향한 신앙의 불이 꺼지지 않도록 날마다 정결한 새 옷으로 갈아입어야 합니다. 묵은 신앙의 찌꺼기를 거둬내야 합니다. 성경에서 '불'은 신앙과 밀접한 관계를 가지고 있습니다. 갈멜산에서 엘리야가 450명의 바알 선지자와 영적 전투에서 승리할 때 내렸던 '불'은 하나님을 향한 신앙의 응답이었습니다.(왕상 18:22) 엠마오로 내려가던 두 제자의 신앙 회복은 그들의 심령에 성령의 '불'이 임하면서 일어났습니다.(눅 24:32) 성령의 불이 우리의 심령을 태울 때 신앙은 불이 붙어 전도하며, 주의 일을 행하는 것이 즐거워집니다. 불신앙과 패배주의 요소를 가질 수 있는 묶은 신앙의 찌끼를 거둬내야 합니다. 그리고 하나님 나라를 향한 신앙이 자신의 심령 가운데 꺼지지 않는 불이 되도록 해야 합니다.

(적용)

지금 나의 심령에 주님께서 주신 불씨가 꺼져 있지는 않습니까? 다 탄 재를 거둬내십시오! 그 속에 아직도 살아있는 불씨가 남아 있습니다. 재를 거둬내고 새 장작을 그곳에 올려놓으십시오! 자신의 불타오르는 신앙이 꺼지지 않도록 묶은 신앙을 회개 신앙으로 걷어내야 합니다. 그리고 하나님 나라를 향한 신앙으로 불을 지펴야 합니다. 이런 심령에 다시 성령의 불길이 타오를 것입니다.

예배의 장작을 올려놓읍시다. 헌신의 장작을 올려놓읍시다. 신앙이 계속해서 불타오르도록 하나님 나라를 향한 신앙의 장작을 올려놓아야 합니다. 그리고 회개의 신앙으로 재를 거둬냅시다. 이것이 나의 심령의 제단에 불이 꺼지지 않게 하는 근원이 되고, 결론이 된다는 것을 잊지 않아야 합니다.

[생각하며 나누는 시간]

1. 나는 하나님을 향한 예배의 불이 꺼지지 않도록 어떤 노력을 하고 있는지 말해봅시다

2. 하나님을 향한 신앙의 불씨가 꺼지지 않도록 나는 어떤 신앙의 개혁을 일으켜야 할까요?

3. 하나님을 향한 신앙의 불씨가 꺼지지 않도록 나의 환경과 심령 가운데 거둬내야 할 것이 있다면 어떤 것들이 있나요?

은혜의 문 (레 7:11~14)

7:11 여호와께 드릴 화목제물의 규례는 이러하니라
7:12 만일 그것을 감사함으로 드리려면 기름 섞은 무교병과 기름 바른 무교전병과 고운 가루에 기름 섞어 구운 과자를 그 감사제물과 함께 드리고
7:13 또 유교병을 화목제의 감사제물과 함께 그 예물로 드리되
7:14 그 전체의 예물 중에서 하나씩 여호와께 거제로 드리고 그것을 화목제의 피를 뿌린 제사장들에게로 돌릴지니라

은혜의 문 (레 7:11~14)

하나님께서 사람을 창조하신 목적이 있습니다. 첫 번째는 하나님 자신이 경배를 받기 위해 사람을 창조하셨습니다. 두 번째는 자신이 창조한 피조 세계를 대리자로서 잘 다스리고 가꾸도록 하기 위해 사람을 창조하셨습니다. 청지기의 역할입니다. 이런 목적을 이루기 위해 하나님께서는 사람을 '하나님의 형상'으로 창조하셨습니다. 원래 하나님의 창조 목적이기도 했던 하나님을 향한 경배가 다섯 가지 제사법에 실립니다. 그 제사가 '번제', '소제', '속죄제', '속건제', '화목제'입니다.

다섯 가지 제사법을 다루고 있는 레위기에 따르면 화목제는 다른 제사와는 달리 크게 세 가지의 성격이 담겨 있는 것을 볼 수 있습니다. 첫 번째는 감사를 의미하는 '감사제'가 있으며, 두 번째는 서원하는 것이 담긴 '서원제' 그리고 세 번째는 자원하여 드리는 '자원제'가 있습니다. 이 세 가지 가운데 '감사제'는 화목제와 관련하여 무엇을 말하고 있을까요? 이를 통해 하나님께서는 우리의 신앙과 삶에 대해 어떤 노크를 하고 계실까요?

(11~12) 자신이 받은 은혜를 가두어 놓는 자가 아니라 은혜의 동반자가 되어 하나님의 은혜를 세상 가운데 흘려보내며 하나님께 영광을 돌리는 은혜의 문이 되어야 합니다

화목제는 자신이 하나님으로부터 받은 은혜를 되돌아보는 신앙의 고백을 담고 있습니다. 화목제 가운데 '감사제'는 이런 성격을 대변합니다. '화목'을 이룬다는 것은 서운해진 관계를 회복시키는 의미를 가지고 있습니다. 이런 특징이 두드러지게 나타나는 것이 바로 '감사제'입니다. 하나님 앞에 죄인인 우리를 하나님과 교통하게 하고, 하나님께서 긍휼을 베풀어 주심이 이 가운데 있으니 제일 먼저 나오는 것이 감사였습니다. 그러니 화목제에 '감사제'가 있는 것입니다. 죄인에 대한 하나님의 '용서'와 하나님과의 교통에 따른 '은혜'를 돌아보면서 화목을 이루어주신 하나님께 늘 감사하라는 것이 화목제가 주는 교훈입니다. 그리고 이것을 마음 판에 새기라는 것이 또 하나의 교훈입니다.

우리는 화목제 가운데 하나인 '감사제'의 예물인 '무교병'을 통해 두 가지를 돌아보며 하나님을 향한 감사를 잊지 않아야 합니다. '무교병'은 (신 16:3)에 의하면 '고난'을 상징하기도 합니다. 먼저 화목하기까지는 희생이 따른다는 것을 잊지 않아야 합니다. 두 번째는 하나님께서 죄인인 우리를 화목하게 하셨다는 은혜를 잊지 않아야 합니다. 예수 그리스도가 십자가에서 우리의 죄에 대해 '완전한 값'이 되어주지 않았다면 우리는 여전히 하나님과 화목할 수 없는 죄인이었다는 것을 기억해야 합니다. 이런 '화목의 감사제'는 우리로 하여금 받은 은혜에 대해 '수혜자'로만 남아 있기를 거부합니다.

우리는 하나님께서 베풀어주신 '은혜의 수혜자'입니다. '은혜의 수혜자'로서 하나님의 은혜를 세상 가운데 흘려보내는 자가 되라는 것을 '화목의 감사제'는 증거하고 있습니다. 고인 물은 썩어서 먹지 못합니다. 사도 바울처럼 자신이 받은 은혜를 세상 가운데 흘려보내는 '은혜의 동반자'가 되어야 합니다. 그리고 하나님의 은혜를 세상 가운데 흘려보내며 하나님께 영광을 돌리는 은혜의 문이 되어야 합니다.

(13) 일상생활 가운데 경험하는 하나님의 은혜의 역사를 형식적인 신앙 안에 가둬 놓지 말고 하나님에 대한 감사를 자신의 삶을 통해 더욱 풍성하게 증명해 내는 은혜의 문이 되어야 합니다

계속해서 레위기는 화목의 감사제에 드릴 예물에 대해 이렇게 말합니다. "또 유교병을 화목제의 감사제물과 함께 그 예물로 드리되" '무교병'이 세상의 것을 담아내지 않는 모습과 희생에 따른 은혜를 담고 있다면 '유교병'은 '무교병'과 반대의 성질을 가지고 있습니다. (출 23:18)에서는 '희생의 피'와 '유교병'을 함께 드리지 못하도록 명합니다. '유교병'은 '맛을 내고', 원래의 모습을 변형시키며 '부풀게 하는 역할' 등 본래의 가치를 변화시켜 다른 맛을 만들어내기 때문에 예물로써 사용을 금하고 있습니다. 그런데 '화목제'에서는 이것을 사용하도록 합니다. 무슨 이유 때문일까요? 이유는 하나님께 드리는 감사를 어떤 형틀에 가두거나 제한시키지 말고 "더욱 풍성히 드려라"라는 의미를 담고 있습니다.

'유교병의 누룩'은 (마 13:33)에서는 '하나님 나라'의 확장성을 상징합니다. 하나님으로부터 받은 은혜가 있다면 그 감사를 제한하지 말아야 합니다. '화목의 감사제' 가운데는 '무교병'이라는 하나님의 말할 수 없는 은혜가 있으며,

'유교병'이라는 확장성을 통해 그 은혜를 더욱 풍성하게 증명해 내는 '은혜의 문'이 될 것이 강조되고 있습니다. 하나님께서 베푸신 은혜 위에는 "감사를 더욱 풍성하게 만들어라"라는 하나님의 음성이 새겨 있습니다. 받은 은혜는 항상 나누는 것이 되어야 합니다. 그럴 때 은혜는 더 풍성한 결실의 열매로 돌아옵니다. 자신의 일상생활 가운데 경험하는 하나님의 은혜의 역사를 형식적인 신앙 안에 가둬 놓지 말아야 합니다. 하나님에 대한 감사를 자신의 삶을 통해 더욱 풍성하게 증명해 내는 '은혜의 문'이 되어야 합니다.

(14) 하늘의 주권자 되시고 통치자 되시는 하나님께서 모든 것을 이루어주셨음을 구체적으로 고백하는 감사의 신앙으로 하나님의 은혜가 풍성히 부어지도록 은혜의 문을 여는 역할자가 되어야 합니다

화목의 감사제를 드릴 때 또 하나의 특징은 '거제'로 하나님께 예물을 드리도록 합니다. '거제'를 드릴 때 예물을 한꺼번에 드리는 것이 아니라 하나씩 '거제'로 드리도록 합니다. '거제'는 제사장이 예물을 하늘을 향해 위로 들었다가 내려놓는 방식의 제사로써 하나님이 '하늘의 통치자'인 것을 고백하는 내용을 담고 있습니다. 이런 예물을 '하나씩' 드린다는 것은 하나님의 은혜가 세세하게 이루어졌다는 것을 증거하고 있으며, 그 은혜에 대해 세세하게 감사드리는 표현입니다. 또한 '화목의 감사제'에 드려지는 예물이 하나하나 '거제'로 드려진다는 것은 하나님이 우리를 세세하게 살피신다는 것을 대변하고 있습니다.

'화목의 감사제'를 통해 드려지는 '거제'는 하나님이 하늘의 주권자 되시고, 통치자 되시는 분이라는 고백을 담고 있습니다. 그리고 하나하나 드려지는 '거제'는 아주 '세밀하고', '구체적으로' 하나님은 우리에게 응답하시고, 은혜의 단비를 부어주신다는 고백을 담고 있습니다. 하나님께서 우리에게 세세하게 은혜를 베풀어주시는 것처럼 하나님을 향한 우리의 감사 또한 구체적이어야 합니다.

하늘의 주권자 되시고 통치자 되시는 하나님께서 모든 것을 이루어주셨음을 구체적으로 고백하는 감사의 신앙은 우리를 더욱 은혜롭게 만들어가고 주변을 은혜롭게 만들어가는 '문'이 됩니다. 하나하나 여호와께 거제로 드리고 화목제의 피를 뿌린 제사장은 주어진 역할로서 모든 것이 끝나지 않습니다. 하나님께서는 제사장에게 그 예물이 돌려지도록 합니다. 이처럼 하나님의 은혜가 풍성히 부어지도록 은혜의 문을 여는 역할자에게는 하나님께서 예물을 그에게 줍니다. 은혜의 열매를 얻게 됩니다. 하나님께서 모든 것을 이루어주셨음을 구체적으로 고백하는 감사의 신앙으로 하나님의 은혜가 풍성히 부어지도록 은혜의 문을 여는 역할자가 되어야 합니다.

(적용)

우리는 '은혜의 문'이 되어야 합니다. 동시에 '은혜의 문'을 여는 자로서 역할자가 되어야 합니다. '문'은 닫힌 상태에서 역할을 감당하기도 하지만 열려서 그 역할을 감당하기도 합니다. 그리고 문이 제대로 기능을 발하기 위해서는 문을 닫고, 여는 역할자가 있어야 합니다. 하나님께서는 하나님과 사람 사이에 중보자를 세워 하나님의 '은혜의 문'을 여는 역할자가 되게 하셨습니다. 중보자로 세워진 역할자의 헌신과 희생에 대해 하나님께서 은혜의 열매로 응답 합니다.

'화목의 감사제'가 하나씩 거제로 드려지는 모습에서 드러나고 있는 것처럼 하나님께 구체적으로 고백하는 감사의 신앙으로 '은혜의 문'을 활짝 여는 역할자가 되어야 합니다. 예수님은 우리를 향한 '은혜의 문'이었으며, 우리에게 '은혜의 문'을 열어주신 주님입니다. 예수님께서 우리를 향해 '은혜의 문'이 되어주셨고, '은혜의 문'을 우리를 향해 열어주셨던 것처럼 우리 또한 자신이 받은 은혜를 가두어 놓는 문이 아니라 통로가 되는 열린 '은혜의 문'의 역할을 감당해야 합니다. 그리고 '은혜의 문'을 여는 역할자로서 복음의 증인이 되어야 합니다. 이런 우리를 향해 하나님께서는 더 큰 은혜의 열매로 응답해 준다는 것도 잊지 맙시다.

[생각하며 나누는 시간]

1. 나는 하나님의 은혜를 세상 가운데 흘려 보내는데 있어서 어떤 은혜의 문으로 역할을 감당해야 할까요?

2. 나의 일상생활 가운데 형식적인 신앙의 모습이 있다면 어떤 것들이 있는지 적어봅시다

3. 하늘의 주권자 되시고 통치자 되시는 하나님께 나는 어떤 신앙의 모습으로 세워져야 할까요?

사명과 사역 가운데 세워진 자 (레 8:1~9)

8:1 여호와께서 모세에게 말씀하여 이르시되
8:2 너는 아론과 그의 아들들과 함께 그 의복과 관유와 속죄제의 수송아지와 숫양 두 마리와 무교병 한 광주리를 가지고
8:3 온 회중을 회막 문에 모으라
8:4 모세가 여호와께서 자기에게 명령하신 대로 하매 회중이 회막 문에 모인지라
8:5 모세가 회중에게 이르되 여호와께서 행하라고 명령하신 것이 이러하니라 하고
8:6 모세가 아론과 그의 아들들을 데려다가 물로 그들을 씻기고
8:7 아론에게 속옷을 입히며 띠를 띠우고 겉옷을 입히며 에봇을 걸쳐 입히고 에봇의 장식 띠를 띠워서 에봇을 몸에 매고
8:8 흉패를 붙이고 흉패에 우림과 둠밈을 넣고
8:9 그의 머리에 관을 씌우고 그 관 위 전면에 금 패를 붙이니 곧 거룩한 관이라 여호와께서 모세에게 명령하신 것과 같았더라

사명과 사역 가운데 세워진 자 (레 8:1~9)

하나님께서 제정하신 '다섯 가지 제사'는 근본적으로 속죄의 원리를 가지고 있습니다. 이런 제사를 집전하는 제사장의 위임식에 따른 절차에 대해 하나님께서 말씀합니다. 특히 제사장의 위임식은 중보라는 원리 위에 진행됩니다. 이 예식은 예수 그리스도의 중보적 사역과 역할을 예표하고 있습니다. 제사장의 위임식은 먼저 인간이 하나님 앞에 설 수 없는 죄인이라는 점을 부각시키고 있습니다. 그리고 이스라엘을 대신하여 하나님께로 나아가는 직분이라는 것을 통해 하나님께서 열어주신 은혜의 장막을 계시합니다. 이런 가운데 진행되는 제사장의 위임식은 모두 '세 단계'에 걸쳐 이루어집니다.

첫 번째는 제사장의 '성의'를 착용하는 것으로 시작됩니다. 두 번째는 제사장에게 '관유'를 붓는 것으로 이어집니다. 세 번째는 '위임식 제사'를 드리는 것으로 마무리됩니다. 제사장의 위임식 절차 가운데 첫 번째인 '성의'를 착용하는 절차는 무엇을 의미하고 있을까요? 제사장의 역할과 직무 수행은 우리에게 주어진 사명과 사역에 대해 무엇을 말하고 있을까요? 그리고 첫 번째 성의를 착용하는 절차는 우리에게 어떤 교훈을 주고 있을까요?

(1~4) 하나님께서 명령하신 말씀에 대해 순종하는 걸음으로 모든 사명과 사역은 시작되어야 합니다

하나님께서는 아론과 그의 아들들에게 행할 제사장의 위임식에 앞서 모세에게 제사장이 입을 '옷'과 '관유', '수송아지'와 '숫양 두 마리', '무교병 한 광주리'를 준비하도록 명합니다. 그리고 '온 회중'을 '회막 문'에 모으도록 합니다. "여호와께서 명령하신 대로 하매" 모세는 하나님께서 명하신 대로 자신의 사역을 실행에 옮깁니다. 하나님께서 명령하신 대로 준비된 '속죄제'에 사용할 '수송아지'는 제사장의 위치가 백성들의 전체를 담고 있다는 중요한 점을 강조하고 있습니다. 그리고 숫양 '두 마리'는 (레 8:18)과 (22절)에 의하면 '한 마리'는 '위임식의 번제'의 예물이며, '또 다른 한 마리'는 '위임식의 화목제' 예물로 사용됩니다. 여기서 강조되는 것은 하나님께서 "명령하신 대로"입니다. 그리고 준비하는 자와 모인 자들의 반응은 한 가지로 설명됩니다. "명령하신 대로", '순종'입니다.

만약 신앙이 '의복', '관유', '수송아지', '숫양 두 마리'와 '무교병 한 광주리'라는 물질에 초점이 맞춰지게 되면 율법주의 또는 우상 숭배적인 방향으로 기울게 됩니다. 하나님의 명령하신 대로 순종하지 않았을 경우 '의복'은 어떻게 변할 수 있을까요? 하나님 앞에 죄인이라는 것과 '하나님 앞에 거룩하게' 세워져야 한다는 것이 사라지고 사람들에게 위압감을 줄 수 있는 화려함으로 변할 수 있습니다. 모세와 아론 그리고 그의 아들들, 온 회중이 하나님께서 명령하신 말씀에 대해 순종하는 것으로 사역이 시작됩니다. 이처럼 우리에게 주어진 사명과 사역 또한 하나님께서 명령하신 말씀에 순종하는 걸음으로 시작되었을 때 참으로 복이 있다는 것을 잊지 않아야 합니다.

(5~7) 자신의 능력과 재능으로 사명과 사역을 감당하는 것이 아니라 죄로부터 구별되는 회개의 신앙으로 그 직무를 감당해야 합니다

모세가 주어진 사역을 하나님께서 명령하신 대로 감당합니다. 아론과 그의 아들들이 직무를 감당하기 전에 선행되어야 할 것이 있었습니다. '정결 예식'입니다. 죄로부터 이들을 깨끗하게 하여 하나님 앞에서 생명을 보존 받도록 합니다. 그리고 제사장의 의복인 '성의'를 입힙니다. 이때 '속옷'을 먼저 입힙니다. '속옷'을 입히는 것은 하나님 앞에 수치가 드러나지 않도록 하기 위해서입니다. 그리고 '띠'를 띄우고 '겉옷'을 입힙니다. 제사장의 '겉옷'은 화려함이 없습니다. (레 28:31)에 의하면 '전부 청색'입니다. '청색'은 '하늘'을 상징합니다. '겉옷'에 이어 '에봇'을 걸쳐 입습니다. '에봇'은 '판결 흉패'를 짜서 붙이는 곳으로, (출 28:6)에 의하면 '금실'과 '청색', '자색', '홍색 실'과 '가늘게 꼰 베 실'로 정교하게 짜서 만들어집니다.

'속옷'을 입히고 '겉옷'을 입히고, '에봇'을 걸치기 위해 먼저 행한 것이 있습니다. "물로 그들을 씻기고"입니다. 죄 씻음의 '회개'를 의미합니다. 하나님 앞에 누구도 예외 없이 죄 씻음이 이루어지지 않고는 하나님과 대면할 수 없습니다.

하나님의 거룩을 훼손하는 행위는 용서받지 못합니다. 우리 각자에게 주어진 사명과 사역은 자신의 능력과 재능으로 감당하는 것이 아닙니다. 하나님의 명령을 따라 행해야 합니다. 그리고 자신을 죄로부터 구별되는 회개의 신앙으로 그 직무를 감당해야 합니다.

(8~9) 결과물을 얻기 위해 수단과 방법에 의지하는 사명과 사역이 아니라 시작과 마무리가 하나님께서 명령하신 것을 끝까지 지켜 준행하는 것으로 모든 것들을 이루어가야 합니다

제사장 가운데서도 '대제사장'으로 세움을 받았던 아론의 의복은 '에봇'에 이스라엘의 열두 지파를 상징하는 '열두 개의 보석'이 장식된 '흉패'가 붙여집니다. '흉패'는 두 겹으로 만들어져 속 주머니 역할을 하는 안쪽에는 '우림'과 '둠밈'을 넣습니다. 여기서 주목할 것은 히브리어 알파벳의 첫 글자인 '알렙'으로 시작하는 '우림'과 마지막 글자인 '타우'로 시작하는 '둠밈'입니다. '알렙'과 '타우'는 모든 것을 담아내는 '전체'를 상징하고 있습니다. 그리고 하나님의 뜻을 확인하는 기능을 가지고 있습니다. '예'와 '아니오'라는 답을 얻는 용도입니다. 하나님께서 모든 것을 감찰하시고 확인시켜 준다는 의미를 가지고 있습니다.

그리고 머리에 '관'을 씁니다. (출 28:36)에 의하면 '관'의 전면에 붙어있는 '금 패'에는 '여호와께 성결'이라는 글이 새겨집니다. 그리고 (레 8:9)은 이렇게 증거합니다. "여호와께서 모세에게 명령하신 것과 같았더라" 우리에게 주어진 사명과 사역은 결과물을 얻기 위해 세상적인 수단과 방법을 필요로 하고 있지 않습니다. 전능하신 하나님 안에서 우리의 사명과 사역은 이루어지고 있다는 것을 잊지 않아야 합니다. 전지하고 전능하신 하나님께서 명령하신 대로 시작하고, 하나님께서 명령하신 것을 지켜, 준행하는 것으로 모든 것들을 이루어가야 합니다.

(적용)

사명과 사역이 세상 관점에서 이루어졌다면 그 사람의 재능과 능력이 필연적일 수 있습니다. 그러나 하나님으로부터 사명과 사역 가운데 세워진 자라면 가장 먼저 버려야 할 것이 세상의 관점입니다. 하나님으로부터 사명과 사역 가운데 세워진 자는 전지하시고, 전능하신 하나님의 명령에 순종하는 걸음으로 모든 것을 시작해야 합니다. 마무리 또한 하나님께서 명령하신 것을 지켜, 준행하는 것으로 이루어가야 합니다.

　하나님의 명령 속에는 지시하는 명령만 있는 것이 아닙니다. 완전하신 하나님의 능력의 발함이 말씀을 지켜, 준행하는 가운데 역사하고 있습니다. 하나님으로부터 부름을 받고 사명과 사역 가운데 세워진 자는 자신의 능력과 재능을 앞세우는 모습이 아니라 죄로부터 구별되는 회개의 신앙으로 사명과 사역 앞에 자신을 세워야 합니다. 그리고 명령하신 것을 끝까지 지켜 준행하는 것으로 모든 것들을 이루어가야 합니다.

[생각하며 나누는 시간]

1. 나는 하나님께서 명하신 사명과 사역 앞에 어떻게 반응하고 있나요?

2. 나는 하나님께서 명하신 사명과 사역에 대해 어떤 신앙의 자세로 일해야 할까요?

3. 나는 하나님께서 명하신 사명과 사역의 시작과 마무리를 어떤 신앙의 자세로 감당해나가야 할까요?

하나님 말씀대로 이렇게 행하자 (레 9:1~7)

9:1 여덟째 날에 모세가 아론과 그의 아들들과 이스라엘 장로들을 불러다가

9:2 아론에게 이르되 속죄제를 위하여 흠 없는 송아지를 가져오고 번제를 위하여 흠 없는 숫양을 여호와 앞에 가져다 드리고

9:3 이스라엘 자손에게 말하여 이르기를 너희는 속죄제를 위하여 숫염소를 가져오고 또 번제를 위하여 일 년 되고 흠 없는 송아지와 어린 양을 가져오고

9:4 또 화목제를 위하여 여호와 앞에 드릴 수소와 숫양을 가져오고 또 기름 섞은 소제물을 가져오라 하라 오늘 여호와께서 너희에게 나타나실 것임이니라 하매

9:5 그들이 모세가 명령한 모든 것을 회막 앞으로 가져오고 온 회중이 나아와 여호와 앞에 선지라

9:6 모세가 이르되 이는 여호와께서 너희에게 하라고 명령하신 것이니 여호와의 영광이 너희에게 나타나리라

9:7 모세가 또 아론에게 이르되 너는 제단에 나아가 네 속죄제와 네 번제를 드려서 너를 위하여, 백성을 위하여 속죄하고 또 백성의 예물을 드려서 그들을 위하여 속죄하되 여호와의 명령대로 하라

하나님 말씀대로 이렇게 행하자 (레 9:1~7)

　　제사장의 위치는 매우 중요합니다. 백성들의 대표성을 담고 있으며, 하나님을 향해 중보적 위치에 놓여 있습니다. 이런 제사장의 위임식이 '칠일' 동안 진행됩니다. 그리고 제사장으로서 직무를 감당하기에 앞서 자신을 위해 속죄제와 번제를 드립니다. 제사의 순서와 예물과 절차가 여호와께서 명령하신 대로 순종하며 진행됩니다. 아론과 그의 아들들이 역사적인 첫 제사장직을 수행할 때 모세가 아론과 그의 아들들 그리고 백성들을 대표하는 장로들을 소집합니다. 그리고 드려지는 예물을 통해 제사장이 어떤 성격을 가지고 있는지 다시 각인시킵니다.

　　제사장의 위임식이 '칠일' 동안 진행될 때 하루에 한 번씩 속죄제가 드려졌습니다. 완전수 '일곱'에 나타나고 있듯이 위임식에서 죄의 용서와 정결함을 위한 절차가 중요하게 다뤄집니다. 비록 제사장이라 할지라도 하나님 앞에 죄인이라는 것과 항상 정결함을 담아내야 한다는 것을 각인시켜 주고 있습니다. 이 과정을 통해 사람이 정결하게 될 수 있는 것은 하나님의 은혜 외에는 길이 없다는 것을 깨닫게 합니다. 하나님의 은혜의 결실은 다른 방법으로 이루어지지 않습니다. "하나님께서 명령하신 말씀대로"라는 공식을 잊지 않아야 합니다. 여기에 대해 우리는 어떤 신앙의 자세로 반응해야 할까요?

(1~3) 하나님 안에서 하나를 이루는 공동체를 만들어가기 위해 하나님께서 말씀하신 대로 모든 것을 행해야 합니다. 이때도 남의 티에 대해 말하기 전에 자신의 들보를 먼저 돌아보는 신앙의 자세를 가져야 합니다

속죄제를 위한 예물이 드려집니다. 먼저 제사를 집례할 제사장에 대한 예물이 드려집니다. 속죄제를 위해 흠 없는 송아지, 번제를 위해 흠 없는 숫양이 드려집니다. 이어서 백성들을 위해 속죄제와 번제, 화목제가 순서대로 드려집니다. 속죄제와 번제 그리고 화목제에 드려진 짐승들은 모두 단수를 사용하고 있습니다. 한 마리라는 단수에는 두 가지 의미가 담겨 있습니다. 첫 번째는 한 마리는 모든 것 가운데 선별되었다는 것을 말합니다. 하나님 나라의 백성은 모든 민족, 모든 나라들 가운데서 선별된 자들입니다. 두 번째는 한 마리의 예물은 모든 이스라엘이 이 예물 안에 담겨 있다는 것을 말합니다. 이스라엘은 각자의 모습이 아니라 하나님 안에서 하나라는 것을 말하고 있습니다.

제사장과 백성들을 위해 드려졌던 제사가 의미하고 있듯이 우리는 하나님 안에서 새롭게 세워진 자들입니다. 죄악 된 세상으로부터 구별된 자들입니다. 하나님의 은혜 가운데 놓인 자들입니다. 이런 우리는 뜻을 합하고, 한마음을 품는 공동체를 만들어가야 합니다. 하나님 안에서 하나를 이룰 수 있도록 "하나님께서 말씀하신 대로" 모든 것을 행하는 신앙의 자세를 가져야 합니다. 이때도 (마 7:3)의 말씀처럼 남의 '티'를 말하기 전에 자신의 '들보'를 먼저 돌아보는 신앙의 자세를 가져야 합니다. 제사장이 비록 중보자로 세워졌지만 그 또한 인간의 죄로부터 자유할 수 없습니다. 자신의 직분과 위치가 모든 것을 대변하지 못합니다. 하나님의 말씀대로 사역과 사명을 감당할 때도 남에 대해 말하기 전에 자신을 먼저 돌아보는 신앙의 자세를 가져야 합니다.

(4~6) 하나님 말씀대로 신앙을 세우고, 신앙을 지켜나갈 때도 순종하는 신앙의 모습이 다른 사람들에게 본이 되도록 해야 합니다

　백성들을 위해 속죄제와 번제를 드립니다. 이어서 화목제를 드립니다. 예물로 '수소'와 '숫양'을 한 마리씩 취하도록 합니다. 이것은 백성들에게 하나의 모델을 보여주는 역할을 하고 있습니다. 앞으로 백성들이 예물을 드릴 때 "이와 같이 하여라"라는 가르침을 주고 있습니다. 이 예식과 드려질 예물을 제정하신 분은 하나님이며, 이 예물을 받으시는 분도, 최종 승인하시는 분도 하나님입니다. 이런 과정을 설명할 때 예물을 하나님께 드리는 단어가 세 가지로 표현되고 있습니다. '가져오고', '나아와', '선지라'라는 단어입니다. 히브리어 원전에 의하면 이 세 단어는 모두 '미완료형'과 접속사로 '와우 계속적 용법'을 사용하면서 그 행위가 계속되어야 한다는 것을 강조하고 있습니다.

　'미완료형'과 '와우 계속적 용법'은 하나님 말씀대로 신앙을 세우고, 그 신앙을 지키는 것이 멈추지 않고 계속되어야 한다는 것을 말하고 있습니다. 그렇게 해서 다른 사람에게 본이 되도록 합니다. 하나님께서 명령하신 말씀 가운데 때로는 우리의 능력으로 지킬 수 있는 것이 있고, 그렇지 못한 것처럼 보이는 것도 있습니다. 이런 우려 상황을 하나님은 다 알고 계십니다. 그러니 여기서 아주 중요하게 작용하는 것이 한 가지 있습니다. 그 말씀에 순종하는 신앙의 자세입니다. 이것이 단회성으로 멈추는 것이 아니라 지속성을 가질 것을 명하고 있습니다.

말씀대로 신앙을 세우고, 신앙을 지켜나가는 모습이 지속성을 가진다는 것은 다른 사람들에게 본을 이루어낸다는 것을 함유하고 있습니다. 하나님의 말씀대로 행하는 이런 신앙의 모습은 "여호와의 영광이 너희에게 나타나리라!"라는 역사를 일으킵니다. 하나님께서 은혜로 다가온다는 것을 잊지 않아야 합니다.

(7) 하나님의 말씀대로 나라와 민족과 공동체를 가슴에 품고 기도하는 신앙의 자세, 헌신하는 신앙의 자세를 가져야 합니다

예식을 제정하신 분은 하나님입니다. 하나님께서 제정하신 방법대로 지켜 준행하지 않는 예식은 하나님을 경외하는 것이 아닙니다. 모세가 아론에게 속죄제를 드리고 번제를 드리는 것은 "너를 위하여", "백성을 위하여", "그들을 위한"

것이라고 말합니다. 하나님께서 명령하신 대로 순종했을 때 결론은 하나님을 경외하는 것으로 멈추지 않습니다. 이것이 자신을 위한 은혜로 다가옵니다. 그리고 또 하나 속죄제와 번제에 사용된 '… 위하여'라는 단어는 속죄제와 번제가 강력한 영적인 부분을 함유하고 있다는 것을 설명하고 있습니다. 기도입니다. 드려지는 예물은 하나님을 향한 기도를 함유하고 있습니다.

제사장이 드리는 속죄제와 번제가 기도를 담고 있는 것처럼 나라와 민족을 가슴에 품고 기도하는 자가 되어야 합니다. 우리는 공동체의 영적 건강을 위해 기도하는 '왕 같은 제사장'이 되어야 합니다. 그리고 제사장이 나라와 민족을 위한 자리에 세워진 것처럼 이웃을 위하고, 공동체를 위해 헌신적인 삶을 살아가는 신앙의 자세를 가져야 합니다. 이런 영적으로 건강한 지체는 하나님께서 세상을 움직이는 제목으로 사용한다는 것을 잊지 않아야 합니다.

(적용)

하나님 말씀대로 살아간다는 것은 자신의 참된 가치를 발견하게 합니다. 하나님 안에서 건강한 공동체를 만들어가는 일에 중심이 되고, 헌신 된 모습은 공동체뿐만 아니라 그

곳에 속한 자신을 더욱 영적으로 건강하고 기름지게 만들어 가는 길이 되기도 합니다.

　위임식을 마친 후 제사장이 직무를 시작하기 전에 속죄제와 번제를 드립니다. 그리고 백성을 위해 속죄제와 번제와 화목제를 드립니다. 이것은 "하나님 말씀대로 복된 삶을 살아가겠습니다"라는 것을 온 천하에 알리는 출발의 신호와도 같습니다. 제사장이 드렸던 제사의 참된 의미가 공동체를 영적으로 건강하게 세워 나가는 것에 있다면 하나님께서 '왕 같은 제사장'으로 세운 우리도 이런 신앙의 관점 가운데 세워져야 하는 것은 너무나도 당연합니다.

[생각하며 나누는 시간]

1. 하나님 안에서 하나를 이루는 공동체를 만들어가기 위해 어떤 신앙의 자세가 필요할까요?

2. 나는 다른 사람에게 어떤 신앙의 모습으로 본이 되어야 할까요?

3. 나는 나라와 민족과 공동체를 가슴에 품고 어떻게 기도해야 할까요?

어떤 불을 드릴 것인가 (레 10:1~7)

10:1 아론의 아들 나답과 아비후가 각기 향로를 가져다가 여호와께서 명령하시지 아니하신 다른 불을 담아 여호와 앞에 분향하였더니
10:2 불이 여호와 앞에서 나와 그들을 삼키매 그들이 여호와 앞에서 죽은지라
10:3 모세가 아론에게 이르되 이는 여호와의 말씀이라 이르시기를 나는 나를 가까이 하는 자 중에서 내 거룩함을 나타내겠고 온 백성 앞에서 내 영광을 나타내리라 하셨느니라 아론이 잠잠하니
10:4 모세가 아론의 삼촌 웃시엘의 아들 미사엘과 엘사반을 불러 그들에게 이르되 나아와 너희 형제들을 성소 앞에서 진영 밖으로 메고 나가라 하매
10:5 그들이 나와 모세가 말한 대로 그들을 옷 입은 채 진영 밖으로 메어 내니
10:6 모세가 아론과 그의 아들 엘르아살과 이다말에게 이르되 너희는 머리를 풀거나 옷을 찢지 말라 그리하여 너희가 죽음을 면하고 여호와의 진노가 온 회중에게 미침을 면하게 하라 오직 너희 형제 이스라엘 온 족속은 여호와께서 치신 불로 말미암아 슬퍼할 것이니라
10:7 여호와의 관유가 너희에게 있은즉 너희는 회막 문에 나가지 말라 그리하면 죽음을 면하리라 그들이 모세의 말대로 하니라

어떤 불을 드릴 것인가 (레 10:1~7)

　모세가 지도자로 세워집니다. 그리고 이스라엘 자손들이 시내 산에서 '하나님의 백성'으로서 언약을 맺습니다. 하나님께서는 그들에게 '하나님 나라의 백성'이 지켜야 할 613가지의 법도와 규례를 줍니다. 그 법도와 규례는 세상적인 눈으로 볼 때는 마치 규제와 같아 보였습니다. 그러나 그것은 세상을 살아가면서 마귀의 세력에 넘어지는 자가 되지 않도록 하나님께서 '열어주신 복된 길'이었으며, 하나님께서 주신 '복을 마음껏 누리는 길'이었습니다.

　하나님께서는 하나님 나라 백성들로 하여금 하나님께 바르게 행하도록 법과 제도를 세웁니다. 그리고 아론은 제사장이 됩니다. 이때 그의 두 아들인 '나답'과 '아비후'가 하나님을 예배하는 자리에 '다른 불'을 담아 분향하다가 하나님으로부터 죽임을 당합니다. 과연! 아론의 두 아들이 드린 '다른 불'은 어떤 성격의 불이었을까요? 우리는 하나님께 어떤 불을 드리는 신앙의 자세를 가져야 할까요?

(1~2) 타락한 세상 방식과 불신앙을 담아내다가 하나님의 진노의 불에 태워지지 않도록 하나님의 법을 따르는 거룩의 불을 담아내야 하며 하나님의 은혜 가운데 머무는 자가 되어야 합니다

(레 8:30)에 의하면 아론과 그의 아들들이 제사장의 직분을 위임받습니다. 제사장은 하나님 나라의 백성 된 자들을 대표하여 하나님과 이스라엘 백성 사이를 연결하는 중보적 위치에 놓이게 됩니다. 이런 제사장은 하나님을 향해 '거룩'을 생명처럼 지켜내야 할 의무를 지니고 있었습니다. 하나님께서는 제사장이 하나님께 어떤 모습으로 나아가야 하는지, 하나님께 드리는 예물에 이르기까지 그 법들을 세워 지키도록 합니다. 그러나 어떤 영문인지 '나답'과 '아비후'가 하나님께로 나아가다가 죽임을 당합니다. 원인은 '다른 불'을 드리다가 하나님의 '진노의 불'에 의해 죽임을 당합니다.

'나답'과 '아비후'가 분향했던 '다른 불'이란 어떤 것을 말할까요? '다른 불'은 하나님의 법도를 따르지 않은 것으로, 하나님의 거룩을 훼손하는 행위였습니다. 하나님의 법대로 만들어진 '향로'에는 하나님께서 명하신 법을 지켜.준행하는 '신앙의 불'이 담겨야 합니다. '그 불'은 신앙을 지키고, 하나님의 거룩을 담아내는 신앙을 필수로 하고 있었습니다. (레 10:9) 이하에 의하면 포도주와 독주와 같은 세상의 것에 취한 모습으로 '나답'과 '아비후'는 하나님을 향해 나아갔습니다. '거룩'이 아니라 '형식주의'라는 '다른 불'이 향로에 담깁니다. 하나님을 영화롭게 하는 것이 아니라 불신앙의 요소가 담긴 '다른 불'이 하나님께 드려집니다.

하나님의 법을 따르는 '거룩의 불'은 우리를 넘어뜨리고자 하는 더러운 요소를 태우는 불이 됩니다. (민 14:14)의 말씀처럼 우리를 지켜주는 불이 됩니다. 그러나 타락한 세상 방식과 불신앙이 담긴 불은 하나님의 진노를 불러일으키는 불이 됩니다. 저주 가운데 태워짐이라는 심판을 당하게 됩니다. 타락한 세상의 방식과 불신앙을 담아내다가 하나님의 진노의 불에 태워지지 않도록 하나님의 법을 따르는 '거룩의 불'을 담아내며 하나님의 은혜 가운데 머무는 자가 되어야 합니다.

(3~5) 자신의 뜻을 앞세우는 교만의 불로 인해 하나님의 공의에 태움을 당하지 않도록 하나님의 명령에 절대적으로 순종하는 불 위에 자신을 올려놓아야 합니다

　　아론은 두 아들을 잃어버린 슬픔보다 더 큰 충격으로 인해 말문이 닫힙니다. 두 아들이 하나님의 전에서 수종을 들다가 죽임을 당합니다. 두 아들에게 담겼던 타락과 교만의 불이 결국은 하나님의 말씀을 가볍게 여기게 되었고, 그로 인한 경솔한 행동이 하나님의 거룩을 훼손합니다. 아론은 하나님의 공의의 심판 앞에 어떤 불평도 내세울 수 없었습니다. 모세가 아론의 삼촌 웃시엘의 두 아들에게 명합니다. 아론의 두 아들을 진영 밖으로 메고 나가도록 합니다. 하나님의 거룩을 훼손한 행위는 어떤 모습으로도 용서받지 못합니다. (출 19:22)은 말합니다. "제사장들은 그 몸을 성결하게 하라! 나 여호와가 그들을 칠까 하노라!" 하나님의 공의에 태움을 당합니다.

　　하나님께서 말씀하신 것이 인간적인 생각으로 판단할 때 모순이 있는 것 같고 이치와 시대에 맞지 않는 말씀처럼 느껴질 때가 있습니다. 그러나 인간은 불완전한 존재이고, 하나님은 완전하신 분이라는 것을 깨달아야 합니다. 무한은 유한을 담아낼 수 있지만 유한은 무한을 담아낼 수 없습니다. 우리는 분별하고 판단할 수 있는 이성을 가졌지만 완전하신 하나님을 우리의 유한한 것으로 판단할 수는 없습니다. 하나님께서 명령하신 것이 우리의 이해와 판단을 넘어 순종을 구하고 있는 것 또한 이런 이유 때문입니다.

세상적으로 볼 때 능력이 있어 보이는 '교만'은 결국은 자신을 '재앙의 불'로 태워버립니다. 하나님의 명령에 절대적으로 순종해야 합니다. 자신을 순종이라는 불 위에 올려놓고 순종이라는 불로 태워야 합니다. 이와 같이 '순종으로 드려진 불'은 하나님으로부터 축복받을 근거가 됩니다. 태워졌는데 없어지지 않습니다. 더 풍성한 것이 갑절이라는 역사로 일어나게 됩니다.

(6~7) 감정에 이끌려 하나님이 보시기에 가증한 불을 드리지 않도록 하나님의 입으로부터 나온 모든 말씀과 십자가의 번제단의 불로 자신을 지켜나가는 성도가 되어야 합니다

모세는 아론과 그의 아들인 '엘르아살'과 '이다말'에게 가족에 대한 슬픔으로 제사장의 직무가 중지되지 않도록 명합니다. 어떤 경우도 하나님께로 나아가는 '거룩의 옷'을 찢지 못하도록 합니다. 모세는 '나답'과 '아비후'의 죽음을 슬퍼하는 것이 아니라 백성들의 죄를 담당해야 할 제사장들이 하나님의 거룩을 훼손한 것을 슬퍼하도록 합니다. 그리고 '진노의 불'이 가져다준 그 두려움과 하나님으로부터 불쌍히 여김을 받도록 슬퍼하라고 명합니다. 한 마디로 신앙의 바른 길에 들어서는 것이 모든 것에 있어서 최우선이 되어야 한다는 것을 말하고 있습니다.

감정에 이끌리다 보면 불신앙의 요소가 자신의 전체를 다스릴 때가 있습니다. (민 15:30)에 따르면 불신앙의 요소는 '하나님의 말씀을 멸시하고', '하나님을 훼방'하게 만듭니다. 뿐만 아니라 '하나님의 명령을 거부'하게도 합니다. 불신앙의 요소에 넘어지는 자가 되지 않기 위해서는 (마 4:4)의 말씀처럼 하나님의 입으로부터 나오는 모든 말씀으로 살아가는 자가 되어야 합니다. 그리고 (엡 6:10)에 등장하는 '하나님의 전신갑주'를 입어야 합니다. 감정에 이끌려 하나님이 보시기에 '가증한 불'로 자신을 태우지 않도록 하나님의 입으로부터 나온 모든 말씀과 십자가의 번제단의 불로 자신을 지켜나가는 성도가 되어야 합니다.

(적용)

하나님께로 나아가는 신앙의 '향로'에 나는 어떤 불을 담고 있나요? 하나님을 향한 거룩을 훼손하는 '다른 불'이 있다면 미련을 두지 말고 떨쳐버려야 합니다. 그리고 십자가 아래 회개의 신앙으로 자신을 바르게 세워 나가야 합니다.

하나님의 말씀에 대해 세상 사람들에게 물어볼 것이 아니라 세상의 상식으로 말할 것이 아니라 하나님의 말씀인 성경을 통해 성령님께 물어봐야 합니다. 그리고 하나님께서 명하신 것을 세상 방식으로 이해하지 말고 하나님께서 명하신 그 법을 지켜나가는 '향로의 불'을 담아내는 신앙이 되어야 합니다. 타락한 세상의 방식과 불신앙의 불을 담아내다가 하나님의 진노의 불에 태움 당하지 않아야 합니다. 하나님의 법을 따르는 거룩의 불을 담아내며 하나님의 은혜 가운데 머무는 성도가 되어야 합니다.

[생각하며 나누는 시간]

1. 하나님의 진노의 불에 태워지지 않도록 어떤 신앙의 불을 담아내야 할까요?

2. 하나님의 공의의 불에 태워지지 않도록 어떤 신앙 가운데 자신을 올려놓아야 할까요?

3. 하나님이 보시기에 가증한 모습이 되지 않도록 나는 어떤 신앙으로 반응해야 할까요?

하나님께서 세우신 기준 (레 11:1~19)

11:1 여호와께서 모세와 아론에게 말씀하여 이르시되
11:2 이스라엘 자손에게 말하여 이르라 육지의 모든 짐승 중 너희가 먹을 만한 생물은 이러하니
11:3 모든 짐승 중 굽이 갈라져 쪽발이 되고 새김질하는 것은 너희가 먹되
11:4 새김질하는 것이나 굽이 갈라진 짐승 중에도 너희가 먹지 못할 것은 이러하니 낙타는 새김질은 하되 굽이 갈라지지 아니하였으므로 너희에게 부정하고
11:5 사반도 새김질은 하되 굽이 갈라지지 아니하였으므로 너희에게 부정하고
11:6 토끼도 새김질은 하되 굽이 갈라지지 아니하였으므로 너희에게 부정하고
11:7 돼지는 굽이 갈라져 쪽발이로되 새김질을 못하므로 너희에게 부정하니
11:8 너희는 이러한 고기를 먹지 말고 그 주검도 만지지 말라 이것들은 너희에게 부정하니라
11:9 물에 있는 모든 것 중에서 너희가 먹을 만한 것은 이것이니 강과 바다와 다른 물에 있는 모든 것 중에서 지느러미와 비늘 있는 것은 너희가 먹되
11:10 물에서 움직이는 모든 것과 물에서 사는 모든 것 곧 강과 바다에 있는 것으로서 지느러미와 비늘 없는 모든 것은 너희에게 가증한 것이라

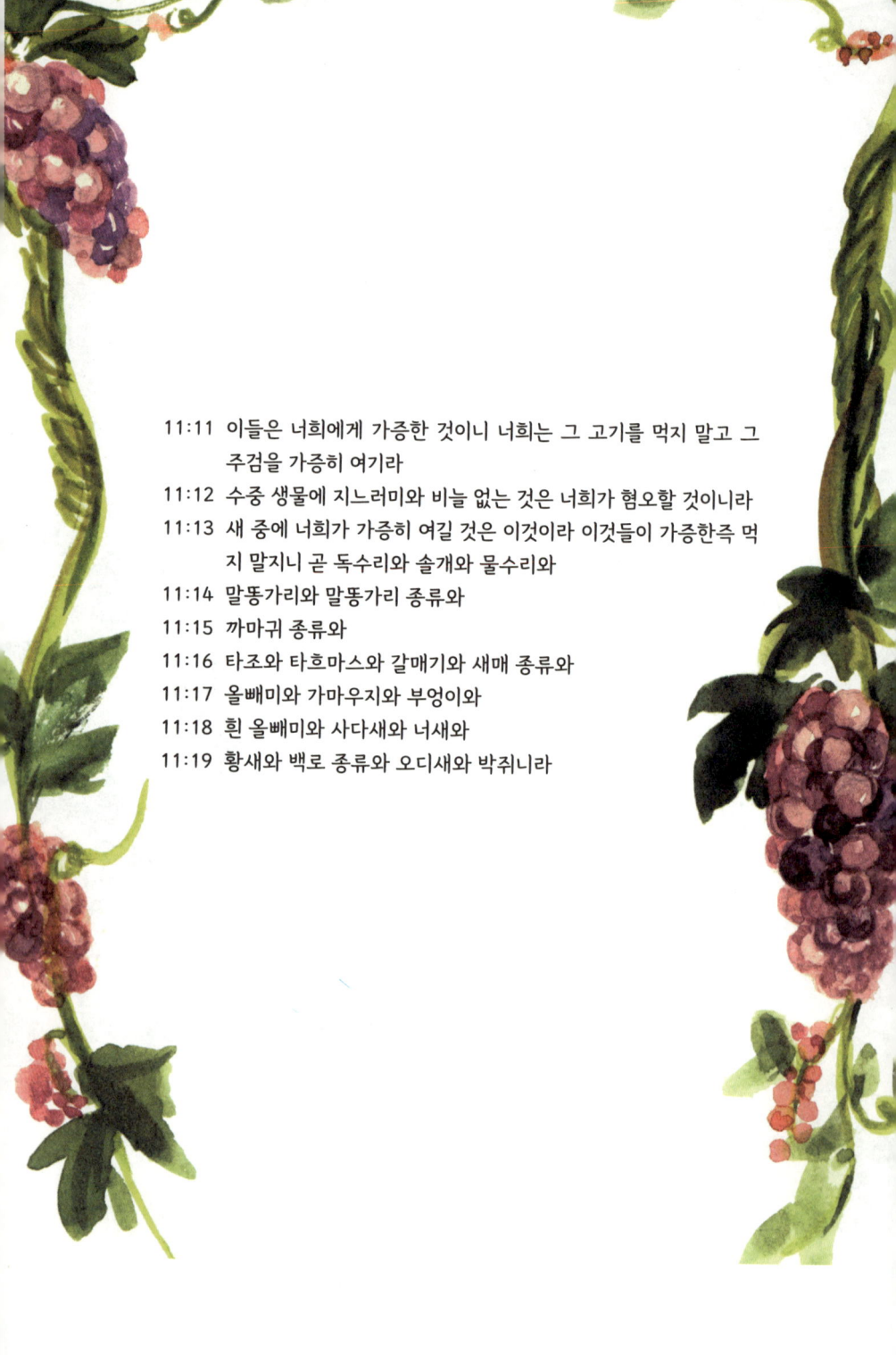

11:11 이들은 너희에게 가증한 것이니 너희는 그 고기를 먹지 말고 그 주검을 가증히 여기라
11:12 수중 생물에 지느러미와 비늘 없는 것은 너희가 혐오할 것이니라
11:13 새 중에 너희가 가증히 여길 것은 이것이라 이것들이 가증한즉 먹지 말지니 곧 독수리와 솔개와 물수리와
11:14 말똥가리와 말똥가리 종류와
11:15 까마귀 종류와
11:16 타조와 타흐마스와 갈매기와 새매 종류와
11:17 올빼미와 가마우지와 부엉이와
11:18 흰 올빼미와 사다새와 너새와
11:19 황새와 백로 종류와 오디새와 박쥐니라

하나님께서 세우신 기준(레 11:1~19)

레위기는 제사법과 함께 거룩과 관련하여 정함과 부정함의 '정결 규례'를 먹는 문제로 확대합니다. 그 가운데 짐승에 대한 규례가 제일 먼저 등장합니다. 먹을 수 있는 짐승에 대한 정함과 먹지 못하는 부정함의 기준에 대해 포괄적인 것을 말합니다. 구체적인 이유는 말하고 있지 않습니다. 중요한 것은 무엇이 정하고, 무엇이 부정한지를 통해 하나님께서 강조하고 있는 것이 있습니다. 하나님의 백성은 '거룩히 성별 된 삶'을 살아가야 한다는 것을 강조하고 있습니다. 그리고 여기에 대한 기준은 하나님께서 세우신 말씀이 기준이라는 것을 깨닫게 합니다.

죄악 된 세상으로부터 성별 된 거룩한 삶은 하나님께서 세우신 것이 기준이 되어야 합니다. 정함과 부정함에 대한 기준을 하나님께서 친히 세우셨습니다. 왜냐하면 우리의 '이성'에 맡긴 판단은 각자의 주장이 될 수 있고, 정의와 공의를 수반하지 못할 수 있기 때문입니다. 정결법은 우리로 하여금 신앙과 삶에 대해 하나님의 어떤 기준을 강조하고 있을까요?

(1~8) 신앙과 삶의 거룩에 대한 기준을 사람의 판단에 의뢰하지 말고 하나님께서 세우신 거룩의 관점이 기준이 되고 중심이 되는 신앙과 삶의 자세를 가져야 합니다

하나님께서는 육지의 짐승 중에 어떤 것이 먹을 만한 생물인지 기준을 정해줍니다. 네 발을 가진 짐승 가운데 '굽'이 갈라지고 동시에 '새김질'을 하는 짐승이 먹을거리가 되게 합니다. 그리고 이것을 '정한 짐승'의 기준으로 삼습니다. '소', '양', '염소'가 대표적인 짐승입니다. '굽'은 갈라졌지만 '새김질'을 하지 못한다든지 '새김질'은 하는데 '굽'이 갈라지지 않으면 먹지 못하는 '부정한 짐승'으로 구별하셨습니다. 이 가운데 대표적인 짐승이 '낙타', '사반', '토끼', '돼지' 등이었습니다.

정한 것과 부정한 것의 기준이 오류에 빠지지 않도록

하나님께서 세우신 기준이 구별점이 되어야 합니다. 그리고 이것을 사람의 판단으로 이해하려 해서도 안 됩니다. 우리가 하나님 나라 백성으로 거룩한 삶과 신앙을 바르게 세워 나가려면 먼저 '굽'이 갈라지듯이 우리의 삶이 세속으로부터 갈라진 구별된 삶을 이루어가야 합니다. 죄악 된 모습에 뿌리와 근원을 두고 있는 세속과 합일점을 만들어가는 삶과 신앙은 어떤 거룩도 담아내지 못합니다. 진행하면 할수록, 만들어가면 갈수록 하나님의 공의의 추는 더 강력한 심판 쪽으로 기울게 됩니다.

'새김질'하듯이 하나님의 말씀을 늘 되새기는 신앙의 삶과 자세를 가져야 합니다. 하나님께서는 출애굽기와 레위기를 통해 하나님의 법도와 규례 등에 대해 말씀을 주셨습니다. 이런 말씀을 '새김질'하지 않고 세상의 상식과 이해로서 판단하려는 못된 가르침을 따르지 않아야 합니다. 신앙과 삶의 거룩에 대한 기준을 사람의 판단에 의뢰하면 (사 28:7)의 말씀처럼 '옆 걸음'을 치며 하나님으로부터 멀어지게 됩니다. 하나님께서 세우신 거룩의 관점이 기준이 되고, 중심이 되는 신앙과 삶의 자세를 가져야 합니다.

(9~12) 어떤 것을 판단하고 구별해야 할 때도 사람의 이성에 따른 이해를 앞세우지 말아야 합니다. 하나님께서 명령하신 것에 대해 순종하는 신앙의 자세를 최우선에 두어야 합니다

하나님께서 허락하신 두 번째 먹거리와 관련된 것은 물고기입니다. 수중에 있는 생물 가운데 '비늘'과 '지느러미'가 있는 것은 먹되 그렇지 않은 강과 바다의 생물들은 '가증한 것'이니 먹지 말도록 명하셨습니다. 짐승도 그렇고, 물의 생물에 대해서도 동일한 기준을 세웁니다. 위생적인 것 또는 영양분과 관련된 것이 구별점이 되지 않습니다. 사람의 두 눈으로 외형적인 부분을 확실하게 구별할 수 있는 '비늘'과 '지느러미'를 기준점으로 삼습니다. 하나님께서 은혜를 베풀고 계십니다.

하나님께서 이스라엘 백성들과 언약을 맺을 때도 자신들이 할 수 있는 능력이 기준이 되지 않습니다. 하나님께서 말씀하신 대로 따르는 것이 기준점이 됩니다. 순종입니다. 그렇게 해야 실수 하는 일이 없기 때문입니다. 물론 우리도 나름대로 분별력을 가지고 있습니다. 그러나 인간은 죄로 말미암아 선함보다 악함 쪽으로 기우는 경향을 가지고 있다는 것을 잊지 않아야 합니다. 그러므로 우리의 자율적 선택이 아니라 순종을 명하고 있었던 것입니다.

먹는 것은 인간의 가장 원초적인 문제입니다. 하나님께서는 먹거리의 정함과 부정함을 통해 하나님께 순종하는 것이 모든 것에 우선이 되도록 가르침을 주고 있습니다. (창 2:17)에서 "선악을 알게 하는 나무의 열매는 먹지 말라 네가 먹는 날에는 반드시 죽으리라"라고 말씀하신 것은 그 열매의 성분으로 죽는다는 것을 말하는 것이 아닙니다. 하나님의 말씀에 불순종하면 축복이 아니라 저주 가운데 놓인다는 것을 일깨워주고 있습니다. 이처럼 어떤 것을 판단하고 구별해야 할 때도 사람의 이성을 앞세우지 말아야 합니다. 하나님께서 명령하고 세우신 기준에 대해 순종하는 것을 우선에 두는 신앙과 삶의 자세를 가져야 합니다.

(13~19) 다른 사람을 해치고 포악을 일삼는 자와 함께하는 불의한 영광을 버리고 항상 하늘에 있는 위의 것을 사모하는 신앙의 자세를 가져야 합니다

세 번째 먹거리는 새와 관련됩니다. 새에 대해서는 짐승과 물고기처럼 어떤 특징적인 요소를 말하지 않으면서 먹지 못할 새의 종류를 말합니다. 이때 이런 말씀을 합니다. "가증히 여길 것은", 그리고 "가증한즉"이라는 말씀을 반복적으로 합니다. '가증하다'는 것은 히브리어로 '셔케츠'입니다. '혐오스럽다' 또는 '몹시 밉게 생각한다'라는 의미를 가지고 있습니다. 독수리를 비롯하여 박쥐에 이르기까지 이 새들에게는 혐오스러움이라는 공통점이 있습니다. '죽은 사체'를 먹는다든지 다른 짐승에게 '피'를 흘리게 하는 '맹금류'들입니다. 그리고 일반적인 새들처럼 둥지에서 살지 않고 거친 들에서 외롭게 살아가는 특징을 가지고 있습니다.

독수리와 솔개처럼 다른 사람을 해치고, 다른 사람의 이익을 빼앗아 가는 폭력 등은 하나님 앞에 가증한 행위가 됩니다. 죄악 된 세상의 특징 가운데 하나는 자기 욕심을 채우기 위해 악한 짓을 하거나 악한 자와 함께해서라도 원하는 결과를 얻으려는 경향이 있습니다. 하나님께서는 신앙과 삶의 기준에 대해 한 가지 중요한 것을 깨닫게 합니다. 신앙과 삶이 하나님을 향하지 못하고 자기만족을 채우는 것에 초점이 맞춰지는 순간 그는 이미 하나님 앞에 가증한 모습으로 서 있다는 것을 잊지 않아야 합니다. 자신의 이익을 위해 다른 사람을 해치고 포악을 일삼는 자와 함께하는 불의한 영광을 버려야 합니다. 항상 하늘에 있는 위의 것을 사모하는 신앙의 자세를 가져야 합니다.

(적용)

　신앙과 삶이 하나님께서 세우신 기준을 떠나는 순간 그 빈자리는 악한 영의 차지가 됩니다. 악한 영의 다양한 유혹이 똬리를 틉니다. 신앙과 삶이 거룩의 모습을 이루어야 합니다. 하나님께서 세우신 기준을 따라가면 됩니다. 사람의 이성이 앞서는 것이 아니라 하나님께서 세우신 기준을 순종하며 따르는 것을 최우선에 두는 자세를 가져야 합니다.

　우리가 살아가면서 죄악 된 세속과 구별된 신앙과 삶을 이루지 못한다면 그 사람의 신앙과 삶은 등불이 꺼진 망망대해에 놓인 배와 같습니다. 폭풍과 풍랑이 일어도 누구 하나 구해 줄 이 없습니다. 하나님께서 세우신 기준은 신앙과 삶에 대해 칠흑 같은 어둠을 밝혀주는 '등잔대의 불'과 같습니다. 하나님의 인도하심과 지키심과 보호하심이 함께합니다. 그리고 하나님께서 약속하신 결실의 열매를 맺어가게 됩니다.

[생각하며 나누는 시간]

1. 신앙과 삶의 거룩을 지키기 위해 무엇이 기준이 되고 중심이 되어야 할까요?

2. 어떤 것을 판단하고 구별할 때 무엇을 앞세워야 할까요?

3. 포악을 일삼는 자와 함께하는 불의한 영광을 취하지 않으려면 어떤 신앙의 자세를 가져야 할까요?

공동체를 건강하게 지켜내자 (레 13:1~8)

13:1 여호와께서 모세와 아론에게 말씀하여 이르시되
13:2 만일 사람이 그의 피부에 무엇이 돋거나 뾰루지가 나거나 색점이 생겨서 그의 피부에 나병 같은 것이 생기거든 그를 곧 제사장 아론에게나 그의 아들 중 한 제사장에게로 데리고 갈 것이요
13:3 제사장은 그 피부의 병을 진찰할지니 환부의 털이 희어졌고 환부가 피부보다 우묵하여졌으면 이는 나병의 환부라 제사장이 그를 진찰하여 그를 부정하다 할 것이요
13:4 피부에 색점이 희나 우묵하지 아니하고 그 털이 희지 아니하면 제사장은 그 환자를 이레 동안 가두어둘 것이며
13:5 이레 만에 제사장이 그를 진찰할지니 그가 보기에 그 환부가 변하지 아니하고 병색이 피부에 퍼지지 아니하였으면 제사장이 그를 또 이레 동안을 가두어둘 것이며
13:6 이레 만에 제사장이 또 진찰할지니 그 환부가 엷어졌고 병색이 피부에 퍼지지 아니하였으면 피부병이라 제사장이 그를 정하다 할 것이요 그의 옷을 빨 것이라 그리하면 정하리라
13:7 그러나 그가 정결한지를 제사장에게 보인 후에 병이 피부에 퍼지면 제사장에게 다시 보일 것이요
13:8 제사장은 진찰할지니 그 병이 피부에 퍼졌으면 그를 부정하다 할지니라 이는 나병임이니라

공동체를 건강하게 지켜내자 (레 13:1~8)

출애굽하여 시내 산에 머물고 있던 이스라엘 자손들이 하나님과 언약을 맺습니다. (출 19:5)과 (6절)에 의하면 이스라엘이 모든 민족 중에서 '하나님의 소유'가 되고, '제사장 나라'가 되고, '거룩한 백성'이 될 것을 언약합니다. 이런 가운데 하나님께서는 613가지의 각종 법도와 율례 그리고 규례를 이스라엘 공동체 가운데 세웁니다. 이것이 이스라엘을 영적으로, 육적으로 건강하게 지켜내는 모태가 됩니다.

공동체를 정결하게 지켜내는 정결 예식법과 함께 나병에 관한 규례가 주어집니다. 나병은 심한 피부병으로 본인뿐만 아니라 공동체 가운데 치명상을 줄 수 있는 무서운 질병입니다. 이런 나병을 정결함과 거룩함으로 연결하고 있습니다.

나병은 죄의 무서운 속성을 상징하고 있습니다. 나병에

관한 규례를 통해 공동체의 정결함과 거룩함을 지켜내기 위해 하나님께서는 어떤 조치를 취하도록 하셨을까요? 나병에 관한 규례와 나병을 진단하고, 이에 상응하는 조치를 취하는 제사장의 모습을 통해 우리는 자신과 공동체의 영적인 건강을 어떻게 지켜내야 하는지 돌이켜 볼 필요가 있습니다.

(1~3) 공동체가 영적으로 병들지 않고 건강을 유지하도록 세심한 관심과 적극적인 신앙의 지도로 공동체의 건강을 지켜내야 합니다

레위기는 나병을 질병이라는 시각으로 보는 것이 아니라 '부정결'이라는 관점으로 바라보도록 합니다. 특히 나병은 일반적인 질병과 달리 하나님의 저주로 임한 질병으로 여기고 있었습니다. 그러므로 나병에 걸렸는지에 대한 여부를 의사가 아니라 제사장이 판단하도록 합니다. 나병에 대해 의사가 아니라 제사장이 진단하는 이유는 나병이 임하게 되는 특수한 상황들이 관련되었기 때문입니다. 하나님께서는 나병이 공동체 가운데 전염되지 않도록 제사장으로 하여금 그에 대한 기준과 대처해야 할 방법까지 세밀하게 말씀합니다. 이를 통해 제사장은 공동체의 파수꾼으로서 거룩함을 지켜내는 역할을 적극적으로 수행하도록 합니다.

우리의 신앙이 영적 나병에 걸리지 않도록 자신과 공동체의 영적 건강을 세심하게 관찰해야 합니다. '부정한 영적 나병', '불의한 영적 나병'에 걸려 있지 않은지 관찰해야 합니다. 세상의 문화 속에 묻어 있는 '음란의 나병'에 빠져 있지 않은지 하나님의 거룩을 기준으로 삼아 자신과 공동체를 비춰봐야 합니다. 다른 것이 기준이 되면 안 됩니다. 하나님의 거룩하심이 영적 나병을 진단하는 기준이 되어야 합니다. 세상 사람들이 인정해 주기 때문에 이해되고, 양해 되는 순간 우리의 신앙과 공동체의 신앙 가운데 영적 나병이 엄습해 오게 됩니다. 공동체가 영적으로 병들지 않고 건강을 유지하도록 세심한 관심과 적극적인 신앙의 지도로 공동체의 건강을 지켜내야 합니다.

(4~6) 공동체를 영적으로 건강하게 지켜낼 때도 편견과 자기중심의 판단이 앞서는 것이 아니라 하나님의 법도와 규례가 중심이 되어야 합니다

하나님께서는 나병으로 판명이 났다고 할지라도 그 사

람을 공동체로부터 완전히 배척하는 방법을 사용하지 않도록 합니다. 전염성을 가진 나병이기에 공동체로부터 격리하도록 합니다. 그리고 이레(7일) 후에 나병을 다시 진단하도록 합니다. 병색이 호전되지 않으면 또 이레를 가두어두도록 합니다. 그리고 이레 후에도 호전이 없고, 피부에 계속 퍼졌으면 '나병'이라 일컫도록 규정합니다. 나병을 진단하는 제사장의 경우 공동체 진영 안에 있는 사람들과는 달리 공동체 밖으로 나병환자와 접촉해야 하는 위험과 부정함에 노출됩니다. 제사장은 이런 위험을 무릅쓰고 진영 밖에서 그들을 만납니다. 이유는 공동체의 거룩을 지켜내기 위해서입니다.

　나병에 대한 진단이 났을 때도, 회복 가운데 있을 때도 이것을 섣불리 판단하지 말고, 다시 이레를 두고 그 결과를 보고 판단하도록 합니다. 영적 건강을 지켜낼 때도 신중함이 있어야 합니다. 편견과 섣부른 판단은 치명적인 실수를 불러오게 됩니다. 그러니 (신 19:15)에서도 어떤 사람에게 판결을 내릴 때 "한 증인으로만 정할 것이 아니요 두 증인의 입으로나 또는 세 증인의 입으로 그 사건을 확정할 것이며"라고 말씀을 주고 있습니다. 공동체를 영적으로 건강하게 지켜낼 때도 제사장이 나병환자를 직접 만나는 헌신 된 모습만 강조되어서는 안 됩니다. 그 헌신과 함께 편견과 자기중심의 판단이 앞서면 안 됩니다. 항상 하나님의 법도와 규례가 기준점이 되고, 판단할 수 있는 중심을 이루어야 합니다.

(7~8) 공동체의 영적 건강을 지켜내기 위해 세상의 불의한 것들이 공동체 가운데 스며들지 못하도록 신앙의 울타리를 견고하게 세워야 합니다

처음에 나병으로 여겨졌던 것이 나병이 아니라 피부병으로 판명이 났을지라도 그 피부병이 재발하면 그 환자는 자신의 상태를 다시 제사장에게 보이도록 규례를 정합니다. 나병에 걸린 자들은 격리되어 공동체로부터 벗어난 곳에서 살아갑니다. 가족과 친족과 헤어져 평생을 살아가야 합니다. 이런 문제로 인해 자신의 나병을 숨길 수도 있었습니다. 그러나 공동체의 건강을 위해 제사장뿐만 아니라 당사자 또한 사후 관리까지 철저히 이행하도록 합니다. 제사장과 피부병으로 판명을 받은 모두가 한결같이 공동체의 건강을 지켜내기 위해 한마음이 되도록 합니다. 다시 피부에 병이 퍼지면 숨기거나 지체하지 말고 제사장에게 다시 보이도록 규례로 명하고 있습니다.

(왕하 5:1 이하)에 의하면 아람의 군대 장관이었던 나아만은 자신이 나병에 걸렸음을 숨깁니다. 그렇다고 해서 그의 나병이 나아졌을까요? 그렇지 않습니다. 더욱 병세는 악화됩니다. 나아만이 나병으로부터 회복 받을 수 있었던 것은 자신의 나병을 밝혔을 때입니다. 그리고 하나님의 사람 엘리사를 찾아갔을 때입니다. (왕하 5:14)은 말씀합니다. "요단 강에 일곱 번 몸을 잠그니 그의 살이 어린 아이의 살 같이 회복되어 깨끗하게 되었더라"

공동체의 영적 건강을 지켜내기 위해 세상의 불의한 것들이 공동체 가운데 스며들지 못하도록 신앙의 울타리를 견고하게 세워야 합니다. 그리고 이런 신앙의 울타리를 견고하게 세워 나가기 위해 서로가 열린 마음과 공동체를 사랑하는 하나같은 마음을 가져야 합니다.

(적용)

공동체를 영적으로 건강하게 지켜내야 우리 모두가 영적으로 강건한 모습을 가지게 됩니다. 세속의 나병과 같은 요소가 공동체 가운데 스며들지 못하도록 영적으로 세심한 관심과 신앙의 적극적인 편달이 필요합니다. 영적 지도자의 헌신과 적극적인 신앙의 지도가 필연적으로 작동되어야 합니다. 그러나 공동체의 영적 건강은 지도자 한 사람의 역할과 역량으로 만들어지지 않습니다. 함께 그리고 한마음이 되어야 합니다. 여기에는 어떤 편견도 어떤 자기중심의 판단도 앞서지 않아야 합니다. 하나님의 법도와 규례를 따라 이 모든 사명과 사역들이 이루어져야 합니다.

[생각하며 나누는 시간]

1. 공동체가 영적으로 병들지 않고 건강을 유지하려면 어떤 조치가 있어야 할까요?

2. 공동체를 영적으로 건강하게 지켜내기 위해서는 무엇이 중심을 이루어야 할까요?

3. 공동체의 영적 건강을 위해 신앙의 울타리를 견고하게 세워나가는 일에 나는 어떤 모습을 하고 있나요?

신앙을 건강하게 지켜야 합니다 (레 14:33~42)

14:33 여호와께서 모세와 아론에게 말씀하여 이르시되
14:34 내가 네게 기업으로 주는 가나안 땅에 너희가 이를 때에 너희 기업의 땅에서 어떤 집에 나병 색점을 발생하게 하거든
14:35 그 집 주인은 제사장에게 가서 말하여 알리기를 무슨 색점이 집에 생겼다 할 것이요
14:36 제사장은 그 색점을 살펴보러 가기 전에 그 집안에 있는 모든 것이 부정을 면하게 하기 위하여 그 집을 비우도록 명령한 후에 들어가서 그 집을 볼지니
14:37 그 색점을 볼 때에 그 집 벽에 푸르거나 붉은 무늬의 색점이 있어 벽보다 우묵하면
14:38 제사장은 그 집 문으로 나와 그 집을 이레 동안 폐쇄하였다가
14:39 이레 만에 또 가서 살펴볼 것이요 그 색점이 벽에 퍼졌으면
14:40 그는 명령하여 색점 있는 돌을 빼내어 성 밖 부정한 곳에 버리게 하고
14:41 또 집 안 사방을 긁게 하고 그 긁은 흙을 성 밖 부정한 곳에 쏟아 버리게 할 것이요
14:42 그들은 다른 돌로 그 돌을 대신하며 다른 흙으로 집에 바를지니라

신앙을 건강하게 지켜야 합니다 (레 14:33~42)

　　이스라엘 백성들이 정착하며 살아갈 가나안 땅이 약속의 땅이라고 하지만 그곳 또한 죄로 오염된 세상 가운데 하나였습니다. 그러므로 가나안 또한 세상 부정함의 영향 가운데 놓여 있었습니다. 결국 이스라엘이 거룩하게 되는 길은 오직 하나였습니다. 신앙을 지키는 것에 있었습니다. 신앙은 사람의 상식과 판단에 따른 것이 아니라 하나님께서 주신 법도와 규례를 지키는 가운데 논해지고 있습니다. 하나님께서는 정결 규례를 주시면서 신앙이 거룩하도록 신앙의 길을 안내합니다. 이 가운데 나병과 관련한 신앙의 지도와 함께 곰팡이에 관한 규례를 제정하여 이를 지키도록 명합니다.

　　의복이나 가죽에 생겨난 곰팡이가 있는가 하면 집에 생기는 곰팡이도 있습니다. 나병과 함께 거론되고 있는 집에 생겨난 곰팡이는 신앙과 관련하여 중요한 메시지를 던져주고 있습니다. 집안에 생겨난 곰팡이에 대한 대처와 처방은 우리로 하여금 신앙을 건강하게 지키는 데 있어서 필요한 기본적인 자세를 가르쳐주고 있습니다. 집에 생긴 곰팡이에 대한 대처와 처방은 신앙을 건강하게 지켜내는 데 있어서 어떤 기본적인 골격을 우리에게 가르쳐주고 있을까요?

(33~35) 신앙에 문제가 있을 때 숨기거나 자신이 판단하지 말아야 합니다. 모든 것을 이미 알고 계시는 하나님 앞에 겸손히 나아가는 자세로 신앙을 건강하게 지켜내야 합니다

하나님께서 모세와 아론을 동시에 부릅니다. 그리고 새로운 규정을 알려줍니다. 하나님께서 허락하신 가나안 땅에 머물며 살아가다가 어떤 집에 나병의 색점이 생기게 되면 어떻게 해야 하는지 규정을 정합니다. 세 가지를 명합니다. '숨기지 말 것'과 '자신이 판단하지 말 것'과 '제사장에게 말할 것'을 명합니다. 권면이 아니라 이것을 규례로 삼고, 규정을 정합니다. 이유는 공동체와 개인의 거룩을 지켜내는 데 있어서 중요하기 때문입니다. 나병의 색점을 숨기지 않아야 합니다. 이것을 숨기게 되면 점점 퍼져 자신의 집만이 아니라 공동체 모두에게 악영향을 끼치게 됩니다.

신앙에 문제가 생겼다면 이것은 개인의 단순한 문제가 아닙니다. (사 3:9)의 말씀처럼 문제가 있는 신앙은 그 영혼에 화가 되고, 재앙을 자취하는 모습이 됩니다. 이것을 자신의 안일한 생각으로 위로하고 판단하는 것은 (욥 31:33)의 말씀처럼 자신의 죄악을 숨기는 모습으로 나타납니다. 여기서 분명한 것은 우리의 겉과 속을 만드신 하나님은 그 사람의 상태를 이미 알고 계신다는 것입니다. 사람에게 묻고, 사람에게서 답을 찾는 신앙이 아니라 이미 나의 모든 것을 알고 계시는 하나님 앞으로 겸손히 나아가는 신앙이 되어야 합니다. 하나님께 무릎을 꿇고 기도하십시오! 이때 기도는 하나님의 법도와 규례가 무엇을 말하고 있는지 말씀을 함께 묵상하며 진행하는 것이 중요합니다. 이런 겸손한 신앙의 자세는 자신의 신앙을 건강하게 지켜주는 역할을 하게 됩니다.

(36~39) 신앙에 문제가 있을 때도 편견과 판단으로 결단하지 말고 배려와 자비를 베푸시는 하나님으로부터 영적으로 치료받고 회복 받으며 신앙을 건강하게 지켜내야 합니다

어떤 집에 나병의 색점이라는 곰팡이가 발견되었을 때 당사자는 제사장에게 지체하지 말고 알리도록 법으로 정합니다. 그리고 제사장은 이 문제에 대해 하나님께서 정하신 규례를 따라 색점이 나병에 의해 유래되었는지 아니면 다른 이유로 색이 퍼진 것인지 판단하도록 합니다. 제사장은 그 집을 관찰하기 전에 먼저 그 집안에 있는 모든 것을 비우도록 명령합니다. 이유는 나병의 곰팡이가 다른 도구에 묻었을 때 그 도구까지 문제가 되기 때문입니다. 그리고 그 집의 벽을 살폈을 때 "그 집 벽에 푸르거나 붉은 무늬의 색점이 있어 벽보다 우묵하면 제사장은 그 집 문으로 나와 그 집을 이레 동안 폐쇄하였다가 이레 만에 또 가서 살펴볼 것"을 명합니다.

이레를 관찰하고 집안에 모든 것을 세심하게 살피도록 명령하고 있는 것은 하나님께서 죄와 저주로부터 보호하고 구별하기 위해 은혜를 베풀고 있는 장면입니다. 이 은혜의 기회를 놓쳐버리면 소망과 희망은 사라지게 됩니다. 어리석은 판단을 하지 않아야 합니다. 자신의 신앙에 문제가 있을 때도 숨기지 않아야 합니다. 배려와 자비를 베푸시는 하나님으로부터 영적으로 치료받고 회복을 받아야 합니다. 신앙은 자신의 내면의 문제입니다. 영적인 부분을 치료받아야 합니다. 자신의 내면을 회개의 신앙으로 거룩하고, 새롭게 만들어가야 합니다. 그리고 자신의 삶의 터와 직장, 사업장 등과 같은 곳에 하나님의 거룩하심이 함께하도록 거룩을 심는 일에 힘을 쓰며 신앙을 건강하게 지켜내야 합니다.

(40~42) 신앙을 병들게 하고, 부정적으로 만들어가는 불의한 요소를 철저히 제거할 때도 결단의 신앙과 함께 동역하는 신앙의 자세로 신앙의 건강을 지켜나가야 합니다

제사장은 문제가 있는 집을 이레 동안 폐쇄하였다가 또 가서 살피도록 합니다. 그래도 색점이 퍼져 있으면 색점이 있는 돌을 빼내어 성 밖 부정한 곳이라고 일컫는 '힌놈의 골짜기'에 버리도록 합니다. 집 안 사방을 긁어 부정한 곳에 함께 버리도록 합니다. 그리고 다른 돌로 대신하고, 다른 흙으로 집을 바르도록 명합니다. 집주인은 제사장이 시킨 대로 이행해야 합니다. 여기서 주목해야 할 것이 있습니다. 집 안에 벽을 긁고, 다른 흙을 바르는 것은 혼자도 가능한 일입니다. 그러나 그 집 안에 색점이 있는 돌을 빼내어 '힌놈의 골짜기'에 버리는 것은 혼자 힘으로는 가능하지 않습니다. 여러 사람이 협력해야 합니다.

신앙이 문제가 생겼을 때 나의 영역에서 풀 수 있는 문제가 있고, 함께 동역을 이루어야 할 것이 있습니다. 신앙은 혼자가 아니라 함께하며 신앙의 건강을 지켜나가는 것이 참으로 중요합니다. 이 또한 하나님께서 원하고 계시는 신앙의 자세입니다. 신앙을 병들게 하고, 부정적으로 만들어가는 불의한 요소를 철저히 제거할 때도 결단의 신앙과 함께 동역하는 신앙의 자세로 신앙의 건강을 지켜나가야 합니다.

(적용)

집에 나병 색점이 발생한 것과 관련하여 규례를 줍니다. 이 문제를 언약 공동체의 법으로 다루도록 합니다. 이 과정을 통해 공동체와 개인의 신앙에 대해 정결을 지켜내도록 합니다. 신앙에 대한 문제는 단순한 문제가 아닙니다. 신앙에 문제가 생겼다는 것은 그 사람의 영적인 부분에 문제가 생겼다는 것을 말합니다. 신앙에 문제가 생겼을 때 즉시 하나님 앞으로 겸손히 나아가는 신앙의 자세를 가져야 합니다. 기도하는 신앙의 무릎으로 나가야 합니다.

하나님의 법도와 규례를 거울처럼 비춰보면서 기도하는 신앙의 자세를 가져야 합니다. 그럴 때 하나님께서 나의 문제에 대해 말씀해 줍니다. 그리고 영적으로 치료하는 은혜를 베풀어줍니다. 신앙을 영적으로 병들게 하는 요소를 철저히 제거해야 합니다. 나의 신앙의 결단과 함께 때로는 함께 동역을 이루어 영적으로 힘이 되어주는 동역자의 동역이 필요합니다. 신앙을 건강하게 지켜야 소망이 있고 희망이 있다는 것을 잊지 않아야 합니다.

[생각하며 나누는 시간]

1. 나는 신앙을 건강하게 지켜내기 위해 어떤 노력을 하고 있나요?

2. 신앙에 문제가 있을 때는 누구로 부터 영적인 치료를 받아야 하나요?

3. 신앙을 병들게 하고, 부정적으로 만들어가는 불의한 요소를 나열해 봅시다

거룩하신 하나님 (레 16:1~5)

16:1 아론의 두 아들이 여호와 앞에 나아가다가 죽은 후에 여호와께서 모세에게 말씀하시니라

16:2 여호와께서 모세에게 이르시되 네 형 아론에게 이르라 성소의 휘장 안 법궤 위 속죄소 앞에 아무 때나 들어오지 말라 그리하여 죽지 않도록 하라 이는 내가 구름 가운데에서 속죄소 위에 나타남이니라

16:3 아론이 성소에 들어오려면 수송아지를 속죄제물로 삼고 숫양을 번제물로 삼고

16:4 거룩한 세마포 속옷을 입으며 세마포 속바지를 몸에 입고 세마포 띠를 띠며 세마포 관을 쓸지니 이것들은 거룩한 옷이라 물로 그의 몸을 씻고 입을 것이며

16:5 이스라엘 자손의 회중에게서 속죄제물로 삼기 위하여 숫염소 두 마리와 번제물로 삼기 위하여 숫양 한 마리를 가져갈지니라

거룩하신 하나님 (레 16:1~5)

하나님께서는 정결 규례에 이어 대속죄일에 관한 규례를 말씀합니다. 대속죄는 매년 7월 10일, 1년에 한 번 드리는 제사입니다. 그리고 이 예식에 임하는 자격에 대해 오직 대제사장만이 예식의 중보적 위치에 세워집니다. 대제사장이 언약궤가 있는 지성소에 들어가 이스라엘 백성을 위하여 속죄하는 절차를 밟게 됩니다. 그러나 이런 제사장 또한 죄로부터 자유롭지 못합니다. 반드시 죄를 씻어내는 회개의 절차를 거치도록 합니다. 대제사장이 죄를 씻어내는 거룩의 절차를 반드시 밟아야 할 이유는 하나님이 거룩하시기 때문입니다.

대속죄일의 규례는 예수 그리스도께서 우리의 죄를 대속하여 구속할 것을 예표하고 있습니다. 죄악에 대해 어떤 모습도 취하지 않는 하나님은 본질적으로 거룩하신 분입니다. 하나님께서 이스라엘 백성을 향해 제정하신 대속죄일을 통해 우리가 잊지 않아야 할 세 가지가 있습니다. 무엇을 잊지 않아야 할까요?

(1~2) 하나님의 거룩함 앞에 누구도 설 수 없는 것은 사람이 가지고 있는 죄의 속성 때문이라는 것을 잊지 않아야 합니다

(레 10:1 이하)에 의하면 제사장으로 세워진 아론의 두 아들 나답과 아비후가 하나님의 거룩함 앞에 '다른 불'을 담아 분향하다가 여호와의 진노의 불에 삼킴을 당합니다. 불신앙의 요소로 분향하는 모습은 하나님의 거룩을 해치는 행동이었으며, 하나님의 거룩을 무시하는 방자한 행동이었습니다.

여호와께서 모세로 하여금 자신의 형이면서 대제사장으로 세움을 받은 아론에게 알리도록 합니다. 성소의 휘장 안에 있는 '속죄소'에 들어갈 때 사람의 생각대로, 사람의 방법대로 들어가지 못하도록 합니다. 아론이 대제사장으로 세워졌다고 해서 사람의 본질이 바뀌는 것은 아닙니다. 사람은 누구도 예외 없이 죄인으로 태어납니다. 하나님의 거룩함 앞에 설 수 없습니다. 왜냐하면! 거룩함 앞에 죄는 소멸되기 때문입니다.

(출 3:5)에 의하면 하나님께서 모세를 출애굽의 지도자로 세울 때도 하나님께 거룩을 갖추도록 합니다. "하나님이 이르시되 이리로 가까이 오지 말라 네가 선 곳은 거룩한 땅이니 네 발에서 신을 벗으라" 그리고 (수 5:15)에 의하면 모세를 대신하여 지도자로 세워진 여호수아를 향해 거룩의 예의를 갖추도록 합니다. "여호와의 군대 대장이 여호수아에게 이르되 네 발에서 신을 벗으라 네가 선 곳은 거룩하니라 하니 여호수아가 그대로 행하니라" 하나님의 거룩함 앞에 누구도 설 수 없는 것은 사람이 가지고 있는 죄의 속성 때문이라는 것을 잊지 않아야 합니다.

(3~4) 거룩하신 하나님 앞에 설 수 있는 것은 외형적인 모습의 거룩이 아니라 영혼에 이르기까지 모든 죄악을 씻어내는 거룩이 있어야 한다는 것을 잊지 않아야 합니다

아론이 지성소에 들어가기 위해서는 두 가지 예물이 드려져야만 했습니다. '수송아지'가 속죄 제물로 드려집니다.

'수송아지'는 이스라엘 전체를 담고 있는 속죄 제물입니다. 그리고 또 하나의 '숫양'을 번제물로 드리도록 합니다. 대제사장이 이스라엘의 대속을 이루기 위해 지성소에 들어갈 때도 자신 또한 죄로부터 자유할 수 없었습니다. 대속죄일에 중보적 위치에 서 있을지라도 그 또한 죄인이기에 죄를 대속할 '숫양'을 번제물로 드리도록 합니다. 그리고 대제사장은 거룩한 세마포 속옷을 입습니다.

이때 대제사장은 평소에 입던 예복에서 취하지 못하는 것이 있었습니다. 첫 번째는 에봇이나 판결 흉패를 달지 않았습니다. 두 번째는 어떤 금장식도 달지 않았습니다. 하나님 앞에 죄 사함을 받아야 하기에 모든 영예를 벗고, 아무런 꾸밈도 없이 성결을 상징하는 '흰옷'을 입은 상태로 하나님께 나아갑니다.

우리가 거룩하신 하나님 앞에 설 수 있는 것은 외형적인 종교 행위로 되지 않습니다. 영혼에 이르기까지 죄악 된 모든 것을 씻어내야 합니다. 그 길은 오직 하나입니다. (고전 1:2)의 말씀처럼 '그리스도 예수 안에서' 거룩해질 수 있습니다. 그 외 우리가 거룩해질 수 있는 방법은 없습니다. 예수 그리스도 안에서 모든 죄악을 씻어내야 거룩하신 하나님 앞에 온전히 설 수 있다는 것을 잊지 않아야 합니다.

(5) 거룩하신 하나님으로부터 은총을 입기 위해서는 죄의 요소가 될 만한 찌꺼기까지 철저히 제거해야 한다는 것을 잊지 않아야 합니다

하나님께서는 속죄 예식을 마친 후 이스라엘 자손의 회중으로 하여금 '숫염소' 두 마리와 '숫양' 한 마리를 가져오도록 합니다. '숫염소' 두 마리 가운데 제비로 뽑힌 한 마리는 여호와를 위해 속죄제로 드립니다. 그리고 한 마리는 '아사셀'을 위해 광야로 내보냅니다. 이 장면은 이스라엘로부터 죄를 완전히 분리해 내는 것을 의미합니다. '아사셀'이 강조하고 있는 것처럼 거룩하신 하나님 앞에 서기 위해서는 어떤 죄악 가운데도 서지 않아야 합니다.

속죄제를 마치고 '아사셀'을 위해 '숫염소' 한 마리를 광야로 내보낸 것처럼 우리 가운데 죄악의 실마리가 될 만한 것들이 있다면 그 뿌리까지 뽑아내야 합니다. (롬 6:22)은 증거합니다. "그러나 이제는 너희가 죄로부터 해방되고 하나님께 종이 되어 거룩함에 이르는 열매를 맺었으니 그 마지막은 영생이라" '아사셀'을 위해 광야로 '숫염소' 한 마리를 내보낸 것처럼 단호함이 있어야 합니다. 왜냐하면! 분리되지 못한 '아사셀'이 결국은 하나님으로부터 받을 은총을 갉아먹고, 병들게 하는 원인이 되기 때문입니다. 거룩하신 하나님으로부터 은총을 입기 위해서는 '아사셀'처럼 죄의 요소가 될 만한 찌꺼기까지 철저히 제거해야 한다는 것을 잊지 않아야 합니다.

(적용)

죄는 우리로 하여금 하나님 앞으로 나아가지 못하게 하는 장벽입니다. 이 장벽을 허물어내지 못하면 하나님으로부터 주어진 진정한 복을 누리지 못하게 됩니다. 우리가 거룩하신 하나님 앞에 선다는 것은 두 가지를 하나님으로부터 보증받게 된다는 것을 말합니다. 첫 번째는 영원한 생명의 은총을 보증받게 됩니다. 두 번째는 하나님께서 주시는 기업을 보증받게 됩니다.

사람은 누구도 예외 없이 거룩하신 하나님 앞에 설 수 없는 죄인이라는 것을 잊지 않아야 합니다. 죄인인 우리가 거룩하신 하나님 앞에 설 수 있는 길은 예수 그리스도를 구세주로 믿는 믿음 외에는 어떤 길도 존재하지 않습니다. 이런 중요한 사실을 망각하는 사람은 소망이 없습니다.

사람의 행위를 통한 길을 가르치고, 지식의 깨달음으로 그 길을 찾을 수 있다라고 말하는 무리의 미혹에 넘어지지 않아야 합니다. 마귀의 사슬에 묶임을 당하지 않아야 합니다. 거룩하신 하나님으로부터 은총을 입기 위해서는 죄의 요소가 될 만한 것은 '아사셀'을 위해 '숫염소' 한 마리를 광야로 내보낸 것처럼 철저히 죄의 찌꺼기를 제거해야만 합니다.

[생각하며 나누는 시간]

1. 사람이 하나님의 거룩성 앞에 설 수 없는 이유에 대해 말해봅시다

2. 하나님의 거룩함 앞에 서기 위해서는 무엇이 선결되어야 하나요?

3. 거룩한 하나님으로 부터 은총을 입기 위해서는 죄의 요소가 될만한 찌꺼기가 철저히 제거되어야 합니다. 나에게 문제가 되는 죄의 찌꺼기가 있다면 어떤 것들이 있는지 말해봅시다

하나님께 드려지는 예물 (레 17:1~7)

17:1 여호와께서 모세에게 말씀하여 이르시되
17:2 아론과 그의 아들들과 이스라엘의 모든 자손에게 말하여 그들에게 이르기를 여호와의 명령이 이러하시다 하라
17:3 이스라엘 집의 모든 사람이 소나 어린 양이나 염소를 진영 안에서 잡든지 진영 밖에서 잡든지
17:4 먼저 회막 문으로 끌고 가서 여호와의 성막 앞에서 여호와께 예물로 드리지 아니하는 자는 피 흘린 자로 여길 것이라 그가 피를 흘렸은즉 자기 백성 중에서 끊어지리라
17:5 그런즉 이스라엘 자손이 들에서 잡던 그들의 제물을 회막 문 여호와께로 끌고 가서 제사장에게 주어 화목제로 여호와께 드려야 할 것이요
17:6 제사장은 그 피를 회막 문 여호와의 제단에 뿌리고 그 기름을 불살라 여호와께 향기로운 냄새가 되게 할 것이라
17:7 그들은 전에 음란하게 섬기던 숫염소에게 다시 제사하지 말 것이니라 이는 그들이 대대로 지킬 영원한 규례니라

하나님께 드려지는 예물 (레 17:1~7)

　일반적으로 예물은 하나님뿐만 아니라 사람 사이에도 주어지는 목적에 따라 다양한 성격을 내포합니다. 예물에는 복종을 나타내는 '조공'이 있는가 하면 '화해를 위한 목적', '혼례를 위한 목적', 그런가 하면 '음모를 감추기 위한 목적'의 '뇌물'도 있습니다. 다양한 모습을 가지고 있는 예물은 목적을 가지고 있다는 공통점이 있습니다. 그렇다면 하나님께 드려지는 예물은 어떤 목적과 어떤 의미를 가지고 있을까요? 하나님께서는 정결법을 제정하면서 이스라엘 백성들로 하여금 반드시 예물을 가지고 나오도록 합니다. 그리고 진영 안이나 밖에서 짐승을 잡을 때도 희생의 제물을 반드시 드리도록 합니다.

　하나님께서는 정결법에 사용될 예물의 종류와 예물을 어디에서 잡아야 하는지 장소까지 지정합니다. 그리고 자신들이 짐승을 잡아서 먹을 때도 먼저 그 짐승을 하나님께 예물로 드려 불사를 것을 명합니다. 이것이 하나님께 향기로운 향기가 된다라고 말씀합니다. 과연! 하나님께서는 드려지는 예물을 통해 무엇을 깨닫도록 하셨을까요?

(1~4) 신앙뿐만 아니라 자신의 모든 삶에 이르기까지 하나님께서 정해주신 규범을 잘 지키며 삶의 모습이 하나님께 드려지는 예물이 되어야 합니다

하나님께서는 드려지는 예물에 대한 성격을 제사장들만 아니라 이스라엘 백성 모두에게 알도록 명합니다. 첫 번째는 정결법에 쓰일 짐승을 정합니다. 공동체를 대신하고, 개인을 대신할 예물로 '소'와 '양', '염소'를 사용하도록 지정합니다. 두 번째는 공동체 삶의 모든 영역에 있어서 짐승을 잡을 때도 먼저 그 짐승을 성막 안에까지 가져올 것을 명합니다. 그리고 짐승을 잡습니다. 그러나 (신 12:15)에 의하면 짐승을 잡을 때 성막 안에 먼저 가져올 것을 말하지 않습니다. 사람들이 각 성에서 자신의 마음이 원하는 대로 가축을 잡아 그 고기를 먹도록 합니다. 내용이 다릅니다.

하나님께서는 이스라엘 백성들이 가나안에 도착하기 전까지 광야 생활을 하는 동안에는 정한 짐승이라도 하나님께 희생의 제사를 드리지 않고는 가축을 잡을 수 없도록 기준을 정합니다. 무슨 이유 때문일까요? 이스라엘 백성들이 430년 동안 애굽에서 종살이하며 살았을 때 묻었던 우상숭배의 찌끼를 벗겨내기 위해서입니다. 그들에게는 과거 우상숭배의 때를 벗겨내는 것이 무엇보다 중요했습니다.

하나님께서는 먹을 식량으로 '소'와 '양', '염소'를 잡을 때도, 정결법의 예식을 행할 때도 하나님께 먼저 예물을 드리도록 합니다. 신앙과 삶이 하나를 이루도록 합니다. 신앙뿐만 아니라 삶에 대해서도 신앙의 규범이 삶의 형틀에 적용이 되도록 합니다.

신앙에는 규범이 있어야 합니다. 신앙은 내가 만들어서 되는 것이 아닙니다. 하나님께서 명령하신 것을 지키고, 준행하는 것에 있습니다. 하나님께 드려지는 예물을 통해 이방인들이 드리는 우상숭배와 근본적으로 무엇이 다른지 그 선을 분명하게 세웁니다. 신앙뿐만 아니라 자신의 모든 삶에 이르기까지 하나님께 드려지는 예물이 되도록 합니다. 우상숭배 가운데 놓인 기복신앙이 아니라 하나님 중심의 신앙을 예물에 담아내는 삶의 신앙이 되어야 합니다. 자신의 모든 삶에 이르기까지 하나님께서 정해주신 규범이 적용되어야 합니다. 그렇게 해서 삶의 모습이 하나님께 드려지는 예물이 되어야 합니다.

(5~6) 하나님께 드려지는 예물 속에는 하나님을 참 주인으로 섬기는 고백이 담겨야 합니다

이방인의 관습대로 회막 밖에서 우상을 위해 짐승의 피를 흘리는 자는 자신의 죄를 속함 받지 못할 뿐만 아니라 하나님을 업신여긴 모습이 됩니다. 이런 자는 하나님을 자신의 참 주인으로 섬기지 않는 자이기에 백성 가운데서 끊어질 것이라고 강한 어조로 말씀합니다. 당시 애굽의 풍습을 따라 들에서 짐승을 죽이는 행위를 강력하게 금지합니다. (출 20:3) 이하에 보면 하나님께서 십계명을 줍니다. 그 가운데 제1계명이 "너는 나 외에는 다른 신들을 네게 두지 말라"이며 제2계명은 "어떤 우상도 만들지 말 것"을 명하고 있습니다. 예배의 대상은 만물의 주관자 되시는 하나님 한 분뿐이라는 신앙을 가르치고 있습니다.

제물을 끌고 가서 제사장에게 주어 화목제로 여호와께

드리도록 합니다. 그리고 제사장은 짐승의 피를 회막 문 여호와의 제단에 뿌리고 그 기름을 불사르도록 합니다. 이것이 여호와께 향기로운 냄새가 되게 할 것이라고 명합니다. 하나님은 예배의 참된 대상입니다. 그리고 예배는 하나님께서 은혜를 베푸시는 중요한 수단이기도 합니다. (왕상 22:53)의 말씀처럼 거짓 예배는 하나님의 진노를 불러옵니다. 그러나 하나님을 향한 참 예배는 (시 29:10)과 (11절)의 말씀처럼 하나님으로부터 은혜를 불러옵니다. 참 예배자가 하나님께 드리는 예물 속에는 하나님을 참 주인으로 섬기는 고백이 올려져 있습니다. 그러니 하나님께서 이 예물을 기뻐할 수밖에 없으며, 드려진 예물의 고백적 신앙에 대해 은혜로 응답하게 되는 것입니다.

(7) 하나님께 드려지는 예물 속에는 오직 하나님 한 분만을 섬기겠습니다라는 고백이 담겨 있어야 합니다

우상숭배가 불러오는 매음 행위는 공동체 전체를 병들게 만듭니다. 영적으로, 육적으로 타락을 불러옵니다. 그러니 어떤 모습으로도 우상은 숭배하지 않도록 명합니다. 이것은 "대대로 지킬 영원한 규례"가 될 것이라고 말씀합니다. 존재하지도 않은 다른 신을 섬기는 행위는 (출 20:5)과 (신 5:9)에 의하면 하나님을 배신하는 행위이며, 하나님이 가장 싫어하는 범죄행위입니다. 하나님께 드려진 예물 속에는 그 사람의 신앙의 고백이 담겨 있습니다. 그러니 다시는 우상을 숭배하는 제사를 드리지 말 것을 명하고 있는 것입니다. "전에 음란하게 섬기던 숫염소에게 다시 제사하지 말 것이니라"

하나님을 향한 진정한 신앙의 고백이 담겨 있는 예물에는 더 이상 과거처럼 우상을 섬기지 않겠습니다라는 고백이 함께 올려집니다. 하나님께서는 예물을 통해 이 고백을 함께 받고 기뻐합니다. 하나님께 드려지는 예물에 우상의 요소가 담기면 복이 되지 않습니다. 하나님께 드려지는 예물 속에는 오직 하나님 한 분만을 섬기겠습니다라는 신앙의 고백이 올려져야 합니다. 이런 예물이 신앙의 예물이고, 이런 신앙의 예물을 하나님은 기뻐하고 축복한다는 것을 잊지 않아야 합니다.

(적용)

하나님께 드려지는 예물에는 숨길 수 없는 그 사람의 마음이 새겨집니다. 그러니 드리는 예물이 가지고 있는 성격은 매우 중요합니다. (겔 11:5)은 증거합니다. "여호와의 말씀에 이스라엘 족속아 너희가 이렇게 말하였도다 너희 마음에서 일어나는 것을 내가 다 아노라" 하나님께 예물을 드리는 것은 매우 중요합니다. 예물은 그 사람의 신앙을 표현하고 있습니다. 이때 드려지는 예물에는 세 가지의 모습이 담겨 있어야 합니다.

첫 번째는 자신의 모든 모습을 예물 가운데 담아내는 인격적인 신앙의 자세를 가져야 합니다. 두 번째는 하나님이 자신의 참 주인이라는 고백이 담겨 있어야 합니다. 세 번째는 오직 하나님 한 분만을 섬기겠다는 신앙의 고백이 담겨 있어야 합니다. 드려지는 예물에 분명한 신앙을 담아야 합니다. 왜냐하면! 하나님은 예물을 통해 그 사람의 마음을 함께 읽으시기 때문입니다.

[생각하며 나누는 시간]

1. 신앙뿐만 아니라 나의 모든 삶이 하나님께 드려지는 예물이 되고 있습니까?

2. 나는 하나님께 드리는 예물 속에 하나님을 참 주인으로 섬기는 고백을 담고 있나요?

3. 하나님께 드리는 예물 속에 오직 하나님 한 분만을 섬기겠다는 신앙의 고백을 담고 있는지 말해봅시다

가감 없이 가르쳐야 합니다(레 18:1~5)

18:1 여호와께서 모세에게 말씀하여 이르시되
18:2 너는 이스라엘 자손에게 말하여 이르라 나는 여호와 너희의 하나님이니라
18:3 너희는 너희가 거주하던 애굽 땅의 풍속을 따르지 말며 내가 너희를 인도할 가나안 땅의 풍속과 규례도 행하지 말고
18:4 너희는 내 법도를 따르며 내 규례를 지켜 그대로 행하라 나는 너희의 하나님 여호와이니라
18:5 너희는 내 규례와 법도를 지키라 사람이 이를 행하면 그로 말미암아 살리라 나는 여호와이니라

가감 없이 가르쳐야 합니다 (레 18:1~5)

　　하나님께서는 출애굽한 이스라엘 자손들이 애굽에 종 살이하며 그들의 삶에 자연스럽게 묻어났던 우상숭배의 요소들을 떨쳐내도록 명합니다. 우상숭배와 긴밀하게 연결되어 있는 이방인의 가증한 풍속을 금하도록 합니다. 하나님께서는 이것을 기록하여 모세 이후에도 지키도록 명합니다. 여기에 대해서는 지속적인 가르침이 있어야 하며, 하나님께서 명하신 것에 대해 가감하는 일이 없어야 합니다. 출애굽 사건 이후 이스라엘 자손들이 약 1년 가까이 시내 산에 머뭅니다. 그리고 애굽을 벗어난지 1년 1개월 20일째인 B.C. 1445년 2월 20일 시내 산을 떠납니다.

　　시내 산을 떠나기까지 이들에게 신앙에 대해 지속적인 가르침이 병행됩니다. (롬 10:17)은 말합니다. "믿음은 들음에서 나며 들음은 그리스도의 말씀으로 말미암았느니라" 신앙이라는 믿음은 지속적인 가르침으로 생성됩니다. 하나님의 말씀을 가감 없이 가르침 받는 가운데 믿음은 자랍니다. 우리에게는 가감 없이 그리고 마땅히 가르쳐야 할 것이 있습니다. 시내 산에 머물고 있는 이스라엘 자손들을 향한 가르침을 통해 우리는 무엇을 가감 없이 가르쳐야 하는지 세 가지를 돌이켜봅시다.

(1~2) 하나님은 언약에 신실하며 세우신 언약을 궁극적으로 성취하는 만왕의 왕이 되시는 하나님이라는 것을 가감없이 가르쳐야 합니다

하나님께서 말씀하셨다는 것은 그것은 틀림없이 지켜진다는 것이며 '그것을 가감 없이 가르치라'라는 것을 함축하고 있습니다. 하나님께서는 모세에게 제일 먼저 "나는 여호와 너희의 하나님이니라"라고 말씀합니다. 하나님께서는 모세로 하여금 이것을 가감 없이 가르치도록 명합니다. 이 말씀은 관계적인 측면에서 두 가지를 알도록 합니다. 먼저 하나님의 신실하심과 은혜를 알도록 합니다.

(창 17:8)에 의하면 하나님께서는 아브라함과 언약을 맺습니다. 아브라함뿐만 아니라 그 후손의 하나님이 될 것을

언약하셨으며, 그 약속의 실현에 대해서도 언급합니다. "나는 여호와 너희의 하나님이니라" 이 가르침 가운데는 하나님의 신실하심과 은혜를 함께 상기시키고 있습니다. 믿음이라는 신앙은 하나님의 말씀을 들음으로써 납니다.

모든 것은 기초로부터 시작됩니다. 신앙이라는 믿음의 시작도 하나님이 어떤 분인지 아는 것으로부터 시작됩니다. 자전과 공전은 우주의 행성들 가운데 생성되는 운동의 원리가 아닙니다. 하나님께서 친히 운행하고 계신다는 것을 아셔야 합니다. 전지하고, 전능하신 하나님의 주관하심이 이 가운데 임하고 있습니다. 그리고 이런 하나님이 특별히 우리의 왕이 되어주셨습니다. 세상의 왕은 자신의 보좌를 지키기 위해 백성들을 희생시키지만 하나님은 전지하시고, 전능하신 그 능력을 발하여 자기 백성을 지키고, 보호합니다. 이것을 가감 없이 가르쳐야 합니다. 하나님에 대한 바른 가르침은 하나님의 모습을 영적으로 보게 만듭니다. 그리고 이런 하나님을 영적으로 만나는 믿음의 역사를 일으킵니다.

(3~4) 하나님의 법도와 규례는 하나님의 백성 된 자로서 마땅히 지켜야 할 도리이며 우상숭배로부터 구별해 내는 거룩한 삶을 이어주는 울타리와 다리의 역할을 감당하고 있다는 것을 가감 없이 가르쳐야 합니다

장소적 의미에서 시내 산은 현재의 이스라엘 자손을 비추고 있습니다. 애굽은 과거의 이스라엘 자손의 모습이며, 가나안은 미래의 이스라엘 자손의 모습을 비추고 있습니다. 하나님께서는 현재를 통해 과거를 돌아보고, 현재를 통해 미래를 준비하도록 합니다. 과거를 똑바로 돌아보도록 하나님께서 법도와 규례를 줍니다. 이것으로 자신들의 과거를 비춰 보니 우상숭배자라는 것을 알게 됩니다.

과거의 하나님이 애굽에서 이스라엘 자손들을 인도하신 하나님이라면 미래의 하나님은 가나안 땅으로 이스라엘 자손들을 인도할 하나님입니다. 이런 하나님께서 주신 법도와 규례는 종교적인 절차 또는 규범이 아닙니다. 우상숭배로부터 자신을 구별해 내고, 거룩을 지켜내는 울타리입니다. 그리고 만복의 근원이 되시는 하나님을 향하도록 연결하고 인도하는 다리가 됩니다.

(신 6:1)은 여호와께서 가르치라고 명하신 규례와 법도

를 '차지할 땅'인 가나안에서도 가르치도록 명합니다. 인간의 죄성 가운데 나타나는 오만함과 교만함은 하나님을 떠나게 만듭니다. 그러나 하나님의 법도와 규례는 하나님을 만나게 합니다. 하나님의 백성 된 자로서 마땅히 지켜야 할 신앙에 대해 가르침을 주고 있습니다. 이런 하나님의 법도와 규례를 가감 없이 가르쳐야 합니다. "너희는 내 법도를 따르며 내 규례를 지켜 그대로 행하라" 이런 하나님의 법도와 규례는 우상숭배로부터 우리를 지켜내는 울타리의 역할을 합니다. 그리고 죄악 된 모습으로부터 구별해 내는 거룩한 삶을 이끌어주는 다리요, 울타리가 됩니다.

(5) 하나님의 법도와 규례를 지키는 것은 종교적 행위가 아니라 하나님 안에서 축복된 삶을 살아가는 방편이 된다는 것을 가감 없이 가르쳐야 합니다

하나님의 법도와 규례를 지키며 그 안에서 살아가는 자는 생명의 주관자 되시는 하나님으로부터 생명을 보존 받게 됩니다. "내 규례와 법도를 지키라 사람이 이를 행하면 그로 말미암아 살리라" 하나님의 법도와 규례를 지키는 것을 하나님 안에서 살아가는 것이라고 말합니다. 반면 하나님의 법도와 규례를 지키지 않는 것은 하나님 밖에서 살아가는 모습이 됩니다. 신은 하나님 한 분뿐이라는 것을 십계명은 제1계명에서 가르쳐주고 있습니다. 우상숭배를 금하며, 하나님의 이름을 망령되이 일컫지 말 것과 안식일을 거룩하게 지킬 것을 십계명은 가르침을 주고 있습니다. 이런 가르침을 따르는 것을 '하나님 안에서 사는 것'이라고 말합니다.

하나님의 법도와 규례를 지키는 것은 종교적인 행위가 아닙니다. "이를 행하면 그로 말미암아 살리라" '생과 사' 그리고 '화와 복'의 주관자 되시는 하나님 안에서 살아가는 것이며, 하나님께서 베풀어주시는 복된 삶을 살아가는 방편이 됩니다. 이 안에는 건강, 자녀, 산업 등 인간으로서 누리며 살아가는 것과 생명에 이르기까지 광범위한 것을 포함하고 있습니다. 이것을 가감 없이 가르쳐야 합니다. "나는 여호와이니라" 하나님은 살아계십니다.

신은 오직 하나님 한 분뿐입니다. (창 2:17)은 말합니다. "선악을 알게 하는 나무의 열매는 먹지 말라 네가 먹는 날에는 반드시 죽으리라 하시니라" 하나님의 법도와 규례를 지키며 하나님 안에서 살아가는 것이 '선'이고, 하나님의 말씀을 떠나 살아가는 것이 '악'입니다. 이것을 가감 없이 가르쳐야 합니다.

(적용)

하나님께서는 이스라엘 자손들로 하여금 법도와 규례를 반드시 지키도록 명합니다. 이런 가르침을 줄 때 계속해서 반복적으로 밝히는 말씀이 있습니다. "나는 여호와 너희의 하나님이니라" 하나님 안에서 신앙은 시작되어야 합니다. 하나님이 어떤 분인지 알지 못하면서 신앙을 말한다는 것은 거짓말입니다. 신앙은 배우면서 자랍니다. 무엇을 배우느냐?가 참으로 중요합니다. 심은 대로 거두기 때문입니다. (갈 6:7)은 증거합니다. "사람이 무엇으로 심든지 그대로 거두리라"

하나님의 법도와 규례에 대해 가감 없이 가르쳐야 합니다. 그리고 가르침을 받아야 합니다. 하나님은 언약에 신실하며, 만왕의 왕이 되시는 분입니다. 우리는 이런 하나님께서 주신 십계명을 비롯한 법도와 규례를 지켜 준행하는 '하나님 안에서 살아가는 자'가 되어야 합니다.

[생각하며 나누는 시간]

1. 나는 하나님의 신실하심과 언약을 궁극적으로 성취하시는 만왕의 왕이 되시는 하나님에 대해 주변에 가감없이 전하고 있는지 말해봅시다

2. 나는 하나님의 법도와 규례를 삶과 신앙을 통해 가감없이 증거해내고 있는지요?

3. 하나님의 법도와 규례를 지키는 것은 종교행위가 아니라 축복된 삶을 살아가는 것임을 가감없이 어떻게 전하고 가르칠 것인지 말해봅시다

계명을 지킴으로 거룩하라 (레 19:1~4)

19:1 여호와께서 모세에게 말씀하여 이르시되
19:2 너는 이스라엘 자손의 온 회중에게 말하여 이르라 너희는 거룩하라 이는 나 여호와 너희 하나님이 거룩함이니라
19:3 너희 각 사람은 부모를 경외하고 나의 안식일을 지키라 나는 너희의 하나님 여호와이니라
19:4 너희는 헛된 것들에게로 향하지 말며 너희를 위하여 신상들을 부어 만들지 말라 나는 너희의 하나님 여호와이니라

계명을 지킴으로 거룩하라 (레 19:1~4)

　　계명을 일반적인 개념으로 설명한다면 종교에서 지켜야 할 조건으로써 '훈령' 또는 '금령'과도 같은 '법령'이라고 말할 수 있습니다. 그러면 성경은 계명에 대해 어떻게 말하고 있을까요? 계명을 크게 두 가지 방향에서 설명하고 있습니다. 하나는 '하나님'에 대하여, 그리고 또 다른 하나는 '사람'과의 관계라는 '삶의 형태'에 대해 말하고 있습니다. 이런 계명은 '명령'으로 '248가지'가 주어집니다. 이것은 사람의 몸의 수족인 여러 부분을 합친 숫자입니다. 그리고 '금령'으로 '365가지'가 주어집니다. 이것은 시간으로 계산되는 1년과 동일한 숫자입니다. 이렇게 해서 하나님께서는 계명으로 '613가지'의 법도와 규례를 줍니다.

　　하나님께서는 계명을 주실 때 '거룩'을 매우 강조합니다. 계명을 지켜나감에 있어서 '거룩'은 모든 계명에 필수로 작용합니다. 하나님은 거룩하신 분입니다. 우리가 거룩하지 못하고는 하나님의 계명을 지켰다라고 말할 수 없습니다. 하나님의 계명을 지켜나가는 것에 '거룩'이 없다는 것은 겉과 속이 다른 모습을 하고 있기 때문입니다. 우리는 하나님 앞에서 어떻게 자신의 거룩을 지켜낼 수 있을까요?

(1~2) 인간의 죄성에 묻어 있는 세상의 방법으로는 거룩을 지킬 수 없습니다. 거룩하신 하나님의 본질을 바르게 알아가는 것으로부터 거룩은 지켜낼 수 있습니다

'거룩'은 하나님의 본질입니다. 비록 하나님으로부터 택함을 받은 '언약 백성'이라 할지라도 이 땅을 살아가는 동안 인간은 죄의 본성으로부터 자유 할 수 없습니다. 비록 '택한 백성'이요, '구원받은 자'라 할지라도 완전 구원이 이뤄지는 '새 하늘과 새 땅'의 실현이 있기까지는 불완전한 요소를 가지고 살아가게 됩니다. 이런 가운데 '공중의 권세'를 잡은 자의 영향이 세상 가운데 작용합니다. 우리로 하여금 하나님 앞에 온전히 서지 못하도록 세상의 음란과 타락, 탐욕과 탐심 등으로 미혹하여 하나님께서 축복하신 중심에 세워지지 못하도록 훼방하고, 핍박을 가합니다.

그러나 하나님께서는 이런 세상 가운데 우리를 버려두지 않았습니다. 우리로 하여금 이 모든 과정을 이겨나갈 수 있도록 길을 열어줍니다. 그 첫 번째 길이 '거룩을 지켜나가는 것'입니다. 하나님께서는 '언약 백성' 삼은 이스라엘을 향해 이렇게 말씀합니다. "너희는 거룩하라" 문제는 '거룩'이 무엇인지 그리고 '거룩'을 어떻게 지켜나갈 수 있는지?가 관건입니다. 죄악 된 세상의 방법으로는 '거룩'을 지킬 수 없습니다. '거룩'은 거룩하신 하나님의 본질을 아는 것으로부터 시작됩니다.

우리가 하나님의 본질에 대해 알 수 있는 길과 방법은 과학과 명상, 어떤 수련으로 되지 않습니다. 거룩하신 하나님의 계명을 통해 하나님을 바르게 알아가는 것으로부터 시작되어야 합니다. "너희는 거룩하라!" 하나님께서 이스라엘을 향해 '613가지'의 법도와 규례를 주신 것은 규제를 가하고, 제재를 하기 위해서가 아닙니다. 죄악 된 세상으로부터 '거룩'의 울타리를 치기 위한 목적을 가지고 있습니다. 하나님의 은혜의 베푸심이라는 것을 잊지 않아야 합니다.

(3) 하나님께서 주신 계명을 몸과 마음으로 지켜 준행하며 거룩을 지켜나가는 것을 실천해야 합니다

거룩을 실천하는 것은 멀리 있지 않습니다. 하나님께서는 거룩을 지켜나가는 실천에 대해 '부모를 경외'하도록 명합니다. 사람이 부모로부터 태어난 곳이 가정이며, 태어나서 처음으로 접한 사람이 부모입니다. 모든 것에 의해 첫 경험을 하기 시작한 것이 부모이며, 가정입니다. 하나님께서는 이런 부모와 가정을 신앙을 알아가는 출발점으로 삼으셨습니다.

부모의 권위는 하나님으로부터 비롯됩니다. 자녀는 하나님으로부터 권위를 부여받은 부모로부터 하나님을 경외하는 법을 배워야 합니다. 그리고 하나님이 무엇을 원하는지 깨달아야 합니다. 그런가 하면 자녀를 하나님 앞에 바로 서게 하는 첫 번째의 책임자가 부모라는 것을 '부모의 경외'를 통해 알도록 합니다.

자녀는 부모로부터 하나님에 대해 가르침을 받은 대로 자신을 세상으로부터 거룩히 구별해 내야 합니다. 그 실천이 '안식일'을 거룩히 지키는 것으로부터 출발합니다. 하나님 나라 백성의 실질적인 삶은 '안식일' 가운데 있습니다. 하나님과 언약 백성 간에 특별한 교통이 있는 날이 '안식일'입니다. 안식일을 지킨다는 것은 자신의 삶의 전체가 하나님을 향해 있다는 것을 말합니다. 하나님을 예배하며 창조 목적을 이뤄가는 자는 하나님의 축복을 누릴 자격을 가집니다. 우리는 '안식일'을 통해 자신을 하나님 앞에 거룩하게 구별해 내는 신앙심을 길러내야 합니다. 하나님께서 주신 계명을 몸과 마음으로 지켜 준행하며 신앙으로 하나님 앞에 반응하는 안식일이 되어야 합니다.

(4) 헛된 우상을 향하지 않도록 오직 하나님 한 분만을 섬기고 따르는 신앙의 여정으로 거룩을 지켜나가야 합니다

우상을 섬긴다는 것은 하나님을 향해 등을 돌렸다는 것을 의미합니다. "헛된 것들에게로 향하지 말며, 너희를 위하여 신상들을 부어 만들지 말라" 우상을 섬기는 자는 우상이 '헛된 것처럼' 그의 인생 또한 헛된 길을 걸어가게 됩니다. (렘 18:17)과 (18절)의 말씀처럼 그는 두려움에 사로잡힐 것이고, 영원한 웃음거리가 될 것입니다. 심지어 '재난의 날'에 하나님께서 얼굴을 보이지 않고 등을 돌려버릴 것이라고 말씀을 주고 있습니다. '헛된 것'의 삶은 '헛된 것'으로 그 값을 받는 것이 '공의'이고, 진리입니다. 헛되고, 망령된 것에 미혹 당하는 순간 하나님의 거룩으로부터 멀어지는 존재가 됩니다.

솔로몬은 세상 사람들이 인정하는 지혜자였습니다. 이런 솔로몬이 하나님께서 나라를 신앙으로 바로 세워가라고 주신 지혜를 자신의 부와 명성을 위해 헛되이 사용합니다. 우상숭배자를 아내로 맞이합니다. 심지어 우상의 신전을 짓기도 합니다. 하나님을 섬긴다고 하지만 솔로몬의 길은 헛된 우상을 향하고 있었습니다. (왕상 11:11)에 의하면 하나님으로부터 주어진 영광이 거둬집니다. 거룩을 지켜 간다고 하면서 헛된 우상을 향하지 않도록 바른 신앙관으로 자신의 영적 상태를 동여매어야 합니다. 오직 하나님 한 분만을 섬기고 따르는 신앙의 여정으로 거룩을 지켜나가는 자가 되어야 합니다.

(적용)

'거룩'을 한 줄로 정리한다면 '하나님을 향한 신앙의 반응'입니다. '하나님을 향한 신앙의 반응'이 하나님께서 주신 말씀대로 반응할 때 '거룩'은 성립됩니다. '거룩'은 하나님의 법도와 규례를 떠나서는 성립될 수 없습니다. '거룩'을 세상 방법으로 말하는 것 자체가 '미혹'이고, '헛된 것'을 좇는 일입니다. 소망이 없습니다. 하나님께서 축복하신 복을 누릴 자격이 없습니다. 하나님의 얼굴이 그를 향하는 것이 아니라 하나님께서 등을 돌린 상태입니다.

하나님께서 명하신 계명을 지키면서 신앙으로 반응하는 자가 왜! 복이 있을까요? 예수 그리스도 안에서 거룩을 지켜 간 자는 (롬 6:22)이 증거합니다. "영생을 얻을 것"입니다. 하나님의 계명을 지키며 거룩을 지키는 자는 하나님께서 주신 기업이 하늘에서만 있는 것이 아니라 이 땅에서도 있을 것을 약속하셨습니다.

[생각하며 나누는 시간]

1. 인간의 죄성이 묻어 있는 세상의 방법으로는 거룩에 이를 수 없습니다. 우리는 어떻게 거룩을 지켜낼 수 있을까요? 여기에 대해 세 가지를 말해봅시다

2. 나의 거룩한 신앙을 방해하는 주변의 요소가 있다면 세 가지를 적어봅시다

3. 거룩을 한 줄로 정리한다면 어떻게 표현해 낼 수 있을까요? 적어봅시다

복 있는 일꾼 (레 19:23~25)

19:23 너희가 그 땅에 들어가 각종 과목을 심거든 그 열매는 아직 할례 받지 못한 것으로 여기되 곧 삼 년 동안 너희는 그것을 할례 받지 못한 것으로 여겨 먹지 말 것이요
19:24 넷째 해에는 그 모든 과실이 거룩하니 여호와께 드려 찬송할 것이며
19:25 다섯째 해에는 그 열매를 먹을지니 그리하면 너희에게 그 소산이 풍성하리라 나는 너희의 하나님 여호와이니라

복 있는 일꾼 (레 19:23~25)

하나님 나라의 선민으로 살아간다는 것은 죄악 된 세상의 세속으로부터 구별됨을 말하고 있습니다. 이때 세속으로부터 구별되는 기준점은 하나님의 법도와 규례입니다. 하나님을 중심에 두는 신앙으로 살아간다는 것은 세상 사람들이 말하는 종교 행위에 불과한 것이 아닙니다. 하나님께서는 자기 백성인 이스라엘을 향해 법도와 규례를 주시면서 지금까지 자신들이 어떻게 세속 가운데 살아왔는지 비춰보게 합니다. 지금까지 우상숭배와 불의 가운데 살아왔다면 이제부터는 하나님의 백성으로 이런 삶들을 떨쳐버리도록 합니다. 우상숭배의 어떤 요소도 복이 되지 못한다는 것을 수확물을 통해 알게 합니다.

하나님은 만물의 주관자입니다. 창조주이며, 오늘도 절대주권으로 만물을 다스리고 친히 운행하고 계십니다. 이런 하나님을 떨쳐버리는 삶이 어찌 복이 있다고 말할 수 있겠습니까. 하나님을 바르게 섬기는 일꾼은 복이 있습니다. 우리가 하나님을 바르게 섬기는 복 있는 일꾼이 되기 위해서는 세 가지 측면에서 근본을 잃어버리지 않아야 합니다.

(23) 비록 현실적인 어려움과 고통이 눈앞에 놓여 있을지라도 불의한 것과 함께하지 않으며 하나님 나라를 세워나가는 거룩한 삶의 씨를 뿌리는 복 있는 일꾼이 되어야 합니다

심어야 거둘 것이 있습니다. 심지 않고 거둘 것은 없습니다. (고후 9:6)의 말씀처럼 적게 심은 자는 적게 거두고, 많이 심은 자는 많이 거둡니다. 문제는 무엇을 심느냐입니다. (갈 6:8)은 증거합니다. "자기의 육체를 위하여 심는 자는 육체로부터 썩어질 것을 거두고 성령을 위하여 심는 자는 성령으로부터 영생을 거두리라!" 하나님께서는 이스라엘과 언약을 맺으면서 하나님 나라의 백성으로 살아갈 이스라엘을 향해 매우 특이한 것을 명합니다. 장차 들어갈 가나안 땅에서 거둬들일 수확물에 대해 명합니다. "그 땅에서 각종 과목을 심거든 그 열매를 3년 동안 먹지 못할지니라!" 그리고 이런 말씀을 함께합니다. "3년 동안 맺어진 그 열매는 할례 받지 못한 것으로 여겨지기 때문에 먹지 말아야 한다."

일반적으로 사람들은 과목을 심고 3년 동안은 열매가 작고, 맺은 열매가 '떨 열매'와도 같아서 그 열매를 먹지 않는다고 합니다. 본문은 이런 의도를 넘어 두 가지 중요한 것을 말하고 있습니다. 첫 번째는 어떤 관계 속에서도 세속과 짝하고 있는 것은 취하지 말아야 한다는 것을 명령하고 있습니다. 두 번째는 제일 먼저 점검할 것은 먹고, 마시는 문제가 아니라 신앙의 영적 상태라는 것을 알도록 합니다. 3년 동안 수확물을 얻지 못한다는 것은 매우 어려운 지경에 이를 수 있다는 것을 말합니다. 기름진 가나안 땅에서 난 과목의 열매가 아무리 먹기 좋아 보여도 세속이 주는 영광은 결코 함께해서는 안 된다는 것을 말합니다. 3년 동안의 기간을 통해 나무를 정결하게 구별하도록 명합니다. 비록 각종 과목을 심었지만 "그 열매는 아직 할례 받지 못한 것으로 여기되"라고 말씀합니다.

'할례'는 (창 17:11~12)에 의하면 언약의 표징입니다. 나무가 할례를 받지 못했다는 것은 그 나무의 열매가 언약 백성에게 속해 있지 않다는 것을 강조하고 있습니다. 3년은 환경 속에서 먹기 좋아 보이고, 탐스러워 보여도 세속이 주는 영광은 어떤 모습으로도 취해서는 안 된다는 것을 훈련 시키는 기간이었습니다. 세상이 주는 영광보다 하나님의 말씀에 순종하는 것이 우선되어야 한다는 것을 명심시키고 있습니다. 현실적인 어려움과 고통이 눈앞에 놓여 있을지라도 불의한 것과 함께하지 않아야 합니다. 하나님 나라를 세워나가는 거룩한 삶의 씨를 뿌리는 복 있는 일꾼이 되어야 합니다. 심은 대로 거둔다는 것을 잊지 않아야 합니다.

(24) 한순간 자신의 유익을 바라보지 말고 하나님의 영광을 바라보며 하나님 중심의 씨를 뿌리며 그 결실을 맺는 복 있는 일꾼이 되어야 합니다

하나님께서는 이스라엘 자손으로 하여금 가나안 땅에 정착하여 맺은 '넷째 해'의 과실에 대해 두 가지를 명합니다. 첫 번째는 여호와께 드리도록 명합니다. 그리고 그 과실을 '거룩한 과실'이라고 칭합니다. 제4년째 과실이 '거룩한 과실'이라는 것과 '여호와께 드리라'는 것은 모든 것이 하나님의 소유임을 절대로 잊지 말라는 하나님의 음성이었습니다. 제일 먼저 기억해야 할 것은 자신들이 아무리 땀 흘려 가꾼 것이라 할지라도 그 결실의 열매는 하나님께서 맺게 하셨다는 것을 잊지 않아야 합니다.

두 번째는 여호와께 드리며 "찬송할 것"을 명합니다. 찬송의 대상은 오직 하나님 한 분뿐이라는 것을 잊지 않아야 합니다. 한순간 자신의 유익을 바라보는 자에게 하나님의 영광이 보일 일은 없습니다. 자기 유익을 위해 씨를 뿌렸는데 하나님의 영광이 어떻게 보이겠습니까! 뿌린 대로 열매는 거두어집니다. 결론은 (삼상 15:23)에서 증거하고 있는 것처럼 하나님으로부터 버려짐을 당합니다. (삼상 15:22)은 증거합니다. "순종이 제사보다 낫고 듣는 것이 숫양의 기름보다 나으니"

자신의 유익을 추구하는 열매를 바라보기에 앞서 하나님의 영광을 먼저 바라보는 찬송하는 일꾼이 되어야 합니다. 이런 일꾼을 만물의 주관자이며, 화복의 주관자 되시는 하나님께서 축복합니다. 하나님의 영광을 바라보며 하나님 중심의 씨를 뿌리고 그 결실을 거두어가는 복 있는 일꾼이 되어야 합니다.

(25) 하나님 중심의 삶을 살아가다가 하나님께서 맺어주시는 결실이 자신의 모든 산업에 풍성하게 일어나는 복 있는 일꾼이 되어야 합니다

(잠 3:9)과 (10절)을 보면 하나님께서는 첫 소산을 바치는 자의 믿음에 대해 날마다 그 소득을 풍성하게 더하여 줄 것을 약속합니다. 소산의 풍성함이 하나님의 축복으로 말미암는다는 것을 분명히 합니다. '3년 동안' 수확물은 할례 받지 못한 것이니 먹지 말도록 합니다. 그리고 그 다음 해인 '넷째 해'에 맺은 열매 또한 먹지 못하도록 합니다. 결실에 목말라 있는 자에게 너무나도 가혹한 조치처럼 보입니다. 그리고 '다섯째 해'의 열매를 먹도록 합니다. 여기서 중요한 메시지를 전합니다. "그리하면"입니다.

세상의 가치관이 아니라 하나님 중심의 삶을 살아가면 "그리하면 너희에게 그 소산이 풍성하리라 나는 너희 하나님 여호와이니라" 하나님이 그 땅의 주인이며 동시에 축복의 근원입니다. 이런 하나님께서 하나님 중심의 삶을 살아가는 자에게는 (욥 42:12)의 말씀처럼 갑절의 역사를 일으킬 것을 약속합니다. "그 소산이 풍성하리라" '다섯째 해'의 열매가 4년 동안 먹지 못한 것을 보상하는 정도가 아니라 그 이상의 소산이 될 것을 약속합니다.

우리는 하나님의 분명한 창조 목적 가운데 오늘을 살아가고 있습니다. 모든 사람은 궁극적으로 하나님의 일꾼으로 세워진 자들입니다. 그러나 하나님께서는 일꾼을 일반적인 종의 개념으로 인식하지 않습니다. 우리는 하나님의 창조 목적을 이루기 위해 세워졌지만 '하나님의 형상'으로 창조된 존재입니다. 이런 가치관으로 세워진 일꾼이 되어야 합니다. '하나님의 형상'은 하나님 중심의 삶을 살아가야 하는 존재입니다. 이런 가치관으로 하나님께서 맺어주시는 결실이 자신의 모든 산업에 풍성하게 일어나는 복 있는 일꾼이 되어야 합니다.

(적용)

(창 3:6)에 보면 하와가 '선악을 알게 하는 나무의 열매'를 먹었을 때 나타났던 영적인 상태를 이렇게 설명합니다. "여자가 그 나무를 본즉 먹음직도 하고, 보암직도 하고, 지혜롭게 할 만큼 탐스럽기도 한 나무인지라 여자가 그 열매를 따먹고 자기와 함께 있는 남편에게도 주매 그도 먹은지라" 환경에 지배당하는 영적인 상태는 육신도 함께 무너짐을 당합니다. (출 19:5)과 (시 24:1)에 의하면 "땅과 세계와 그 중에 거하는 모든 자들은 하나님의 소유"입니다. 그리고 (시

139:14)에 의하면 하나님은 우리를 지으신 분이며, 우리가 찬송해야 할 대상입니다.

뿌린 대로 거둔다고 할지라도 만물의 주관자 되시는 하나님을 등지고 자신의 유익을 추구하기 위해 뿌리고, 심는 것은 그 열매가 건강하지 못합니다. (삼상 15:8)과 (9절)에 등장하는 이스라엘의 초대 왕이었던 사울의 모습을 보십시오. 하나님의 명령을 어기고 자신의 유익을 추구하기 위해 아말렉 왕 아각을 살려둡니다. 그리고 하나님께서 모든 소유를 남기지 말고 진멸하라고 명한 것을 어기고 사람의 눈으로 볼 때 기름진 짐승들을 뒤로 빼돌립니다. 자기의 영광, 자기의 유익을 위해 뿌리고, 심습니다. 그러나 그 결론은 하나님으로부터 버려짐을 당합니다. 하나님의 영광을 바라보며 하나님 중심의 씨를 뿌리고, 심는 복 있는 일꾼이 되어야 합니다.

[생각하며 나누는 시간]

1. 하나님 나라를 세워나가는 거룩한 삶의 씨를 뿌리는 일꾼은 복이 있다고 하였습니다. 나는 하나님 나라를 세워가는 데 있어서 어떤 거룩한 삶의 씨를 뿌리고 있는지 말해봅시다

2. 복 있는 일꾼은 자신의 유익을 바라보지 않고 하나님 중심의 씨를 뿌리며 그 결실을 맺어간다고 하였습니다. 여기에 대해 성경의 인물 가운데 대표적인 한 사람을 거론해봅시다

3. 자신의 모든 산업이 풍성하게 일어나도록 하려면 자신의 삶을 어떻게 세워나가야 할까요?

거룩한 분노를 발하자
(레 20:1~9)

20:1 여호와께서 모세에게 말씀하여 이르시되
20:2 너는 이스라엘 자손에게 또 이르라 그가 이스라엘 자손이든지 이스라엘에 거류하는 거류민이든지 그의 자식을 몰렉에게 주면 반드시 죽이되 그 지방 사람이 돌로 칠 것이요
20:3 나도 그 사람에게 진노하여 그를 그의 백성 중에서 끊으리니 이는 그가 그의 자식을 몰렉에게 주어서 내 성소를 더럽히고 내 성호를 욕되게 하였음이라
20:4 그가 그의 자식을 몰렉에게 주는 것을 그 지방 사람이 못 본 체하고 그를 죽이지 아니하면
20:5 내가 그 사람과 그의 권속에게 진노하여 그와 그를 본받아 몰렉을 음란하게 섬기는 모든 사람을 그들의 백성 중에서 끊으리라
20:6 접신한 자와 박수무당을 음란하게 따르는 자에게는 내가 진노하여 그를 그의 백성 중에서 끊으리니
20:7 너희는 스스로 깨끗하게 하여 거룩할지어다 나는 너희의 하나님 여호와이니라
20:8 너희는 내 규례를 지켜 행하라 나는 너희를 거룩하게 하는 여호와이니라
20:9 만일 누구든지 자기의 아버지나 어머니를 저주하는 자는 반드시 죽일지니 그가 자기의 아버지나 어머니를 저주하였은즉 그의 피가 자기에게로 돌아가리라

거룩한 분노를 발하자 (레 20:1~9)

　　거룩은 하나님의 중심 속성입니다. 아론의 두 아들이었던 나답과 아비후가 죽음에 이른 것도 거룩한 하나님 앞에 자신을 거룩하게 세우지 못했기 때문입니다. 하나님의 거룩에 따른 분노는 감정에 의한 것이 아닙니다. 공의와 긴밀하게 연결되어 작용합니다. 거룩을 따르지 못하고 있는 가증한 풍습의 우상 숭배적 요소에 대해 극형으로 처벌하도록 합니다. 이런 범죄 행위에 대해 방조하거나 직.간접적으로 가담한 사람 또한 동일한 처벌이 내려지도록 합니다. 하나님의 거룩한 분노가 쏟아집니다. (레 11:45)은 증거합니다. "내가 거룩하니 너희도 거룩할지어다"

　　하나님의 형상으로 창조된 우리는 하나님의 거룩의 속성을 담아내야 합니다. 하나님의 형상인 우리가 하나님을 닮아가는 거룩을 담아내지 못한다면 우리는 하나님의 거룩한 분노 앞에 서게 됩니다. 하나님의 형상인 우리는 하나님의 거룩을 해치는 행위에 대해 어떤 신앙의 자세를 취해야 할까요?

(1~5) 하나님의 거룩을 해치는 우상숭배와 죄인 줄 알면서도 그것을 눈감아주고, 묵인하는 자가 아니라 여기에 대해 하나님의 거룩한 분노를 발하는 신앙의 자세를 가져야 합니다

이스라엘의 역사는 (창 32:28)에 의하면 야곱이 얍복 나루에서 하나님과 씨름하면서 얻은 이름으로부터 시작됩니다. 그 이름은 "하나님과 더불어 힘을 얻어 강하게 된 자"라는 뜻을 가지고 있습니다. 이스라엘은 스스로 강하게 된 자가 아니라 하나님과 더불어 힘을 얻어 강하게 되었다는 것을 말하고 있습니다. 하나님의 은혜로 시작된 민족, 하나님의 은혜로 존속하고 있는 민족입니다. 이런 이스라엘이 담아내야 할 가장 중요한 것은 하나님을 닮은 모습입니다. '거룩'입니다. 하나님께서 은혜로 주신 '약속의 씨'를 마귀에 속한 우승 숭배의 제단에, 그것도 몰렉이라는 인신 제사의 제물로 드린다는 것은 하나님으로부터 용서받을 수 없습니다. 하나님의 거룩한 분노 앞에 서게 됩니다. "그와 그를 본받아 몰렉을 음란하게 섬기는 모든 사람을 그들의 백성 중에서 끊으리라"

세상 사람들은 우상숭배가 죄인지 모릅니다. 그러나 우리는 우상숭배와 하나님을 향한 불신앙이 죄라는 것을 분명히 알고 있습니다. 여기에 대해 한 인물이 소개됩니다. 하나님 앞에 불신앙이 죄인 줄 알면서도 눈감아줬던 엘리 제사장입니다. (삼상 4:11 이하)에 의하면 이 일로 인해 그의 아들 홉니와 비느하스 그리고 엘리 제사장과 그의 온 집안이 몰락합니다. 하나님의 공의의 값은 죽음으로 끝나지 않습니다. 하나님의 거룩한 분노 가운데 놓입니다.

하나님의 거룩한 분노 가운데 세워지지 않도록 하나님의 거룩을 해치는 우상숭배와 불신앙에 이르는 어떤 행위도 함께하지 않아야 합니다. 이것을 용납하지 않는 거룩한 분노를 발하는 신앙의 자세를 가져야 합니다. 이런 거룩한 분노를 발하는 자는 하나님의 마음을 움직입니다.

(6~7) 자신을 세속으로부터 끊임없이 구별해 내도록 하나님의 거룩한 분노를 발하며 자신의 거룩을 지켜나가는 신앙의 자세를 가져야 합니다

마귀는 하나님을 향한 신앙을 포기하도록 각종 유혹으로 접근해 옵니다. 그중 가장 강력한 영적 유혹이 우상숭배입니다. (계 13:15)에 의하면 마귀로부터 권세를 받은 짐승이 우상에 생기를 주어 말하게 하고, 사람들은 이 짐승의 우상에게 경배하게 됩니다. 이 우상 앞에 경배하지 않는 자들은 죽임을 당합니다. 그러나 이런 짐승의 표를 받고 우상에게 경배하는 자들과 표적으로 사람들을 미혹하던 두 짐승은 산 채로 유황불 못에 던져집니다. 불 심판을 받습니다. 이처럼 하나님을 향한 신앙을 포기하고 접신한 자와 박수무당을 음란하게 따르는 자는 하나님의 거룩한 공의 가운데 끊어짐을 당하게 됩니다.

영적 이스라엘인 우리는 하나님의 거룩을 표현하고, 나타내야 할 존재입니다. 자신을 끊임없이 세속으로부터 구별해 내는 삶을 살아가야 합니다. 하나님께서 불의한 세상으로부터 구별해 낸 성도인 우리는 자신을 세속으로부터 끊임없이 구별해 내는 신앙의 자세를 가져야 합니다. 성도로서 하나님의 거룩한 분노를 발하며 자신의 거룩을 지켜나가야 합니다. 하나님을 바르게 경배함으로써 우상적 요소에 대해 거룩한 분노를 발하는 신앙의 모습을 가져야 합니다. 하나님께서 명하신 성결 된 삶을 살아가면서 하나님 앞에 불의한 모습을 하고 있는 세속화에 대해 하나님의 거룩한 분노를 발하며 거룩을 지켜내는 신앙의 자세를 가져야 합니다.

(8~9) 하나님의 계명과 규례를 가볍게 여기는 것에 대해 하나님의 거룩한 분노를 발하는 신앙의 자세를 가져야 합니다

하나님의 거룩한 분노를 발하는 신앙의 자세는 하나님의 계명과 규례를 지키지 않고는 이것이 인격적으로 나타나지 않습니다. 하나님의 계명과 규례를 가볍게 여기는 것을 대소롭지 않게 여기면 하나님의 은혜를 이끌어내지 못합니다. 하나님의 끊임없는 은혜 안에 머물기 위해서는 합당한 이유가 있어야 합니다. 하나님의 계명과 규례를 가볍게 여기는 것은 하나님의 은혜 가운데 머물 이유가 사라질 뿐 아니라 하나님의 백성으로 더 이상 존속할 수 없는 이유를 만들어간다는 것을 잊지 않아야 합니다. 특히 십계명 가운데 사람과 사람 사이에 지켜야 할 첫 번째 계명이면서 동시에 다섯 번째 계명으로 부모에 대한 계명이 소개되고 있습니다. 다섯 번째 계명은 부모의 공경을 통해 하나님을 바라보도록 합니다.

하나님의 계명과 규례를 가볍게 여기는 것에 대해 하나님의 거룩한 분노를 발하는 신앙의 자세를 가져야 합니다. 하나님께서는 부모의 공경을 통해 창조주이며, 우리의 생명의 주가 되시는 하나님을 바라보게 합니다. 이것을 사람과 사람 사이에 맺은 첫 번째 계명으로 지켜 준행하도록 합니다. 그러니 하나님께서 명합니다. "자기의 아버지나 어머니를 저주하는 자는 반드시 죽일지니" 하나님의 계명과 규례를 가볍게 여기는 것에 대해 하나님의 거룩한 분노를 발하는 신앙의 자세를 가져야 합니다. 하나님을 잊어버리는 부패한 세대를 만들어내지 않아야 합니다. 여기에 대해 하나님의 거룩한 분노를 발하는 신앙의 자세를 가져야 합니다.

(적용)

하나님의 거룩한 분노는 마귀가 주는 분노와 완전히 다릅니다. 마귀로 인해 생겨나는 분노는 원수를 만들고, 상대를 해치고, 자신을 무너뜨리는 역할을 합니다. 그러나 하나님의 거룩한 분노는 하나님의 마음을 알아가는 분노이며, 하나님의 뜻을 세워가는 분노입니다. 하나님은 이런 거룩한 분노를 응원합니다.

우상숭배를 향해 하나님의 거룩한 분노를 발해야 합니다. 자신이 세속으로부터 구별되도록 하나님께서 명하신 성결 된 삶을 방해하는 요소를 향해 하나님의 거룩한 분노를 발하는 신앙의 자세를 가져야 합니다. 하나님의 거룩한 분노를 발하며 세상을 하나님이 보시기에 좋았더라의 모습으로 만들어가야 합니다.

[생각하며 나누는 시간]

1. 하나님의 거룩을 해치는 우상숭배에 대해 나는 하나님의 거룩한 분노를 어떻게 발하고 있는지 말해봅시다

2. 나는 세속으로부터 거룩을 지켜내기 위해 어떻게 반응하고 있는지 말해봅시다

3. 하나님의 계명과 규례를 가볍게 여기는 것에 대해 거룩한 분노를 어떻게 발해야 할까요?

신앙으로 어떻게 반응할 것인가
(레 21:1~9)

21:1 여호와께서 모세에게 이르시되 아론의 자손 제사장들에게 말하여 이르라 그의 백성 중에서 죽은 자를 만짐으로 말미암아 스스로를 더럽히지 말려니와
21:2 그의 살붙이인 그의 어머니나 그의 아버지나 그의 아들이나 그의 딸이나 그의 형제나
21:3 출가하지 아니한 처녀인 그의 자매로 말미암아서는 몸을 더럽힐 수 있느니라
21:4 제사장은 그의 백성의 어른인즉 자신을 더럽혀 속되게 하지 말지니라
21:5 제사장들은 머리털을 깎아 대머리 같게 하지 말며 자기의 수염 양쪽을 깎지 말며 살을 베지 말고
21:6 그들의 하나님께 대하여 거룩하고 그들의 하나님의 이름을 욕되게 하지 말 것이며 그들은 여호와의 화제 곧 그들의 하나님의 음식을 드리는 자인즉 거룩할 것이라
21:7 그들은 부정한 창녀나 이혼 당한 여인을 취하지 말지니 이는 그가 여호와 하나님께 거룩함이니라
21:8 너는 그를 거룩히 여기라 그는 네 하나님의 음식을 드림이니라 너는 그를 거룩히 여기라 너희를 거룩하게 하는 나 여호와는 거룩함이니라
21:9 어떤 제사장의 딸이든지 행음하여 자신을 속되게 하면 그의 아버지를 속되게 함이니 그를 불사를지니라

신앙으로 어떻게 반응할 것인가 (레 21:1~9)

　　신정 중심에서 제사장의 역할은 매우 중요합니다. 이스라엘 백성들이 시내 산에서 하나님 나라와 관련하여 언약을 맺을 때 하나님으로부터 제일 먼저 세움을 받은 자가 제사장입니다. 제사장의 역할 가운데 가장 중요한 것은 이스라엘 백성들을 대표하여 하나님 앞에 서는 중보자의 역할입니다. 이런 제사장에게 가장 크게 요구되는 것이 있었습니다. '거룩'입니다. 제사장은 누구보다 거룩한 삶이 요구되고 있습니다. 왜냐하면 제사장이 거룩한 모습을 담아내지 못하면 백성들에 대해 중보적 기능을 가지고 있는 그 역할에 문제가 발생하기 때문입니다. 이런 이유로 하나님께서는 제사장에게 보다 엄격한 규례를 제정합니다.

　　제사장의 규례는 하나님께서 예수 그리스도로 말미암아 만인 제사장의 자격을 가진 우리를 향해 들려주는 신앙에 대한 음성이기도 합니다. 우리는 하나님을 바르게 알아가야 할 의무를 가지고 있습니다. 그리고 신앙으로 바르게 살아가야 할 의무가 있습니다. 이것은 선택이 아닙니다. 하나님 나라의 거룩한 백성의 모습으로 살아가려면 우리는 어떤 신앙으로, 어떻게 반응해야 할까요?

(1~3) 영적으로 바른길을 제시하는 것이 말 만 앞세운 모습이 되지 않아야 하며, 신앙을 핑계 삼아 자신의 책임을 회피하는 일이 없어야 합니다

하나님께서는 제사장의 경우 죄의 오염으로부터 철저히 자신을 구별해 내도록 합니다. 사람의 죽음은 죄의 최종적인 결론입니다. 하나님께서는 죽은 자로 인해 자신을 더럽히지 못하도록 규정합니다. 제사장에게는 일반 백성들보다 엄격한 기준이 적용됩니다. 그러나 이런 것을 핑계로 가족에 대한 책임까지 회피하는 일이 없도록 명합니다. 부모와 자녀들 그리고 형제에 이르기까지 '골육지친'에 대해 책임을 다하도록 합니다. 하나님께서는 신앙을 핑계로 가족을 등한시하는 일이 없도록 제사장에게도 동일한 규례로 의무화합니다.

그러나 이와 대비되는 한 사건이 있습니다. (마 8:22)입니다. 제자 중 한 사람이 자신의 아버지를 장사하고 예수님을 따를 것을 말합니다. 하나님께서 주신 규례에도 어긋나지 않습니다. 이때 예수님께서 이렇게 말씀합니다. "죽은 자들이 그들의 죽은 자들을 장사하게 하고 너는 나를 따르라" (레 21:2~3)에서는 가족의 중요성과 가족에 대한 책임을 논하고 있습니다. 여기에 비춰볼 때 예수님의 가르침은 잘못된 것이 아닌가요? 그러나 예수님께서 이렇게 말씀하신 이유가 있습니다. 예수님을 따르는 것이 권위와 권세 가운데 놓이는 것이 아니라 고난과 고통 가운데 놓일 것이라는 말씀을 듣고 제자의 길을 회피하려고 변명하는 제자를 향한 일침이었습니다.

하나님께서 가족을 중요하게 여겼던 이유는 '골육지친'이기 때문이 아닙니다. 하나님 나라에서 섬기는 자로서 책임 있는 자세를 강조하고 있습니다. 영적으로 바른길을 제시할 때 말만 앞세운 모습이 되지 않아야 합니다. 책임을 다하지 못한 채 드려지는 예배와 헌신은 하나님께 영광을 올려드리지 못합니다. 신앙을 핑계 삼아 자신의 책임을 회피하는 일이 없어야 합니다. 특히 (3절)에서 주신 말씀 가운데 '골육지친'의 장례에 대해 "몸을 더럽힐 수 있느니라"라는 말씀이 있습니다. 이 말씀은 "너는 책임을 다하는 자가 되어라!"라는 말씀으로 다시 해석이 됩니다. 이것은 권면이 아니고 하나님의 명령이라는 것을 잊지 않아야 합니다.

(4~6) 세상의 익숙한 문화로부터 자신을 구별해 낼뿐만 아니라 하나님의 법도와 규례를 지키며 자신을 거룩하게 지켜나가야 합니다

제사장이 거룩함을 취해야 하는 이유가 단순히 '백성의 어른'이기 때문이 아닙니다. '백성의 어른'이 무엇을 말하는지 앞뒤의 구절과 전체의 문맥을 볼 필요가 있습니다. '백성의 어른'은 인본적인 개념의 '어른' 또는 '상전'을 뜻하는 것이 아닙니다. 영적인 부분에 있어서 마치 백성들에게 '남편'과 같은 존재로서 책임과 의무를 다하는 모습이 되어야 한다는 것을 강조하고 있습니다. 그러니 제사장은 '머리털'을 깎아 '대머리' 같게 하지 말 것과 '수염' 양쪽을 깎지 말며, '살'을 베지 말 것을 명합니다.

제사장은 죽은 자를 위해 몸에 상처를 내는 이방의 장례문화를 따르지 말아야 하며, 직계 가족의 장례를 접할 수는 있지만 우상을 숭배하는 주변의 문화를 답습하는 장례의 관습은 어떤 모습으로도 따르지 말 것을 명하고 있습니다.

어떤 경우도 하나님을 욕되게 하지 말고 거룩을 지켜내도록 명하고 있습니다. 거룩은 다른 곳에서 답을 구할 수 없습니다. 거룩은 하나님으로부터 나오는 것이기에 먼저 그 방향이 하나님께 맞추어져야 합니다. 그러면 우리가 하나님께 방향을 맞출 수 있는 방법은 어디에 있을까요? 하나님의 법도와 규례 가운데 방향과 방법이 있습니다. 하나님의 법도와 규례를 지켜나갈 때 자신을 거룩하게 지켜낼 수 있습니다. 세상의 익숙한 문화가 하나님을 향한 거룩을 벗어났는지 어떻게 구별할 수 있습니까? 하나님의 법도와 규례에 비춰봐야 합니다. 하나님의 법도와 규례를 지키며 자신을 거룩하게 지켜나가야 합니다.

(7~9) 하나님께서 거룩하게 구별해 낸 근원으로부터 자신을 정결하게 지켜나가며 하나님의 거룩을 증거하는 신앙의 자세를 가져야 합니다

하나님께서는 제사장과 제사장의 가족에 대해서도 규례를 주시면서 하나님을 향한 거룩을 지켜내도록 합니다. 제사장은 종교적인 매춘부와 같은 '부정한 창녀'와 사회적으로, 법률적으로 부정한 여인을 취하지 못하도록 명령하셨습니다. 규례 가운데 '이혼 당한 여인'은 사회적으로, 법적으로 부정한 여인을 말하고 있습니다. '당한'이라는 것은 (신 24:1)에 의하면 '수치되는 일이 있음이 발견된 것'을 말하며, (마 19:9)에 의하면 '간음한 경우' 등을 말합니다. 제사장은 이런 여인을 아내로 맞이할 수 없었습니다.

제사장의 가족에 대해서도 간음을 행한 자의 두 분류에 해당하는 자들은 용서받을 수 없었습니다. 성적 욕구를 충족하기 위해 간음을 일삼는 행위 그리고 이방인의 풍습을 따라 신전 창기가 될 목적으로 자신의 몸을 우상 앞에 파는 행위는 불로 심판하도록 명하고 있습니다.

이스라엘 백성들을 거룩하게 하는 자는 제사장이 아니라 근원적으로 하나님입니다. 그럼에도 불구하고 이스라엘 백성들은 제사장의 거룩함을 통해 하나님의 거룩을 입게 됩니다. 그러니 제사장의 경우 자신과 주변에 이르기까지 근원적으로 정결을 지켜내지 않으면 안 된다는 것을 말씀합니다. 하나님께서 거룩하게 구별해 낸 근원으로부터 자신을 정결하게 지켜나가야 합니다. 그리고 하나님의 거룩을 증거하는 신앙의 자세를 잃어버리지 않아야 합니다.

(적용)

우리가 신앙으로 반응을 어떻게 해야 하는가에 대한 답은 오직 하나입니다. 하나님께서 신앙으로 반응하라고 주신 '법도와 규례'입니다. 여기에는 우리가 신앙으로 어떻게 반응해야 하는지 답을 주고 있습니다. 신앙에 대한 반응은 세상의 상식과 일반적인 관례를 통해 논할 수 있는 부분이 아닙니다. 반드시 규범을 따라가야 합니다. 하나님을 향한 신앙의 규범 가운데 거룩은 모든 규범의 출발점입니다. 이 또한 하나님의 법도와 규례가 그 기준을 제시하고 있습니다. 신앙으로 반응할 때 신앙을 핑계 삼아 자신의 책임을 회피하는 것 또한 하나님의 거룩을 훼손하는 행위가 됩니다.

영적으로 신앙의 바른길을 제시하는 신앙의 반응 그리고 세상에서 익숙한 문화로부터 자신을 구별하는 신앙의 반응과 자신을 정결하게 지켜나가는 신앙의 반응에 대한 답은 하나님의 법도와 규례를 지켜 준행하는 것에 있다는 것을 잊지 않아야 합니다.

[생각하며 나누는 시간]

1. 신앙을 핑계 삼아 자신이 마땅히 해야 할 일과 책임에 대해 회피한 일은 없었는지 말해봅시다

2. 세상의 익숙한 문화로 부터 자신의 거룩을 어떻게 지켜내야 하는지 말해봅시다

3. 신앙의 거룩을 지켜내기 위한 자신의 각오와 다짐에 대해 말해봅시다

하나님을 영화롭게 하라 (레 22:1~9)

22:1 여호와께서 모세에게 말씀하여 이르시되
22:2 아론과 그의 아들들에게 말하여 그들로 이스라엘 자손이 내게 드리는 그 성물에 대하여 스스로 구별하여 내 성호를 욕되게 함이 없게 하라 나는 여호와이니라
22:3 그들에게 이르라 누구든지 네 자손 중에 대대로 그의 몸이 부정하면서도 이스라엘 자손이 구별하여 여호와께 드리는 성물에 가까이 하는 자는 내 앞에서 끊어지리라 나는 여호와이니라
22:4 아론의 자손 중 나병 환자나 유출병자는 그가 정결하기 전에는 그 성물을 먹지 말 것이요 시체의 부정에 접촉된 자나 설정한 자나
22:5 무릇 사람을 부정하게 하는 벌레에 접촉된 모든 사람과 무슨 부정이든지 사람을 더럽힐 만한 것에게 접촉된 자
22:6 곧 이런 것에 접촉된 자는 저녁까지 부정하니 그의 몸을 물로 씻지 아니하면 그 성물을 먹지 못할지며
22:7 해 질 때에야 정하리니 그 후에야 그 성물을 먹을 것이라 이는 자기의 음식이 됨이니라
22:8 시체나 찢겨 죽은 짐승을 먹음으로 자기를 더럽히지 말라 나는 여호와이니라
22:9 그들은 내 명령을 지킬 것이니라 그것을 속되게 하면 그로 말미암아 죄를 짓고 그 가운데에서 죽을까 하노라 나는 그들을 거룩하게 하는 여호와이니라

하나님을 영화롭게 하라 (레 22:1~9)

하나님께서 사람을 크게 두 가지의 목적을 가지고 창조합니다. 첫 번째는 예배자로서 두 번째는 하나님의 피조 세계를 하나님을 대신하여 다스릴 목적으로 사람을 창조합니다. 이 두 가지 목적을 하나로 정리하면 "하나님을 영화롭게"할 목적으로 사람을 창조하셨습니다. 하나님께서 시내산을 통해 이스라엘 자손들에게 계명과 규례와 법도를 주신 이유도 하나님을 영화롭게 할 목적 가운데 주어집니다. 하나님을 영화롭게 하기 위해서는 무엇보다 죄악 된 세상으로부터 자신을 구별해 내는 과정이 선결 조건이 되어야 합니다. 제사에 대한 규례와 제사장 그리고 성물에 관한 규례가 이런 이유를 대변하고 있습니다.

창세기가 하나님의 창조 목적에 대해 말하고 있다면 레위기는 그 목적을 이루기 위한 하나님의 의지와 음성입니다.

우리는 이 땅을 살아갑니다. 그러나 우리는 세속 가운데 살아가는 자들과는 달리 구별된 하나님의 형상입니다. 하나님의 형상인 우리는 이 땅을 살아가면서 어떻게 하나님을 영화롭게 하며, 어떻게 하나님을 섬기는 성도로서의 걸음을 걸어가야 할까요?

(1~3) 하나님의 거룩한 이름에 걸맞지 않는 세속으로부터 자신을 구별해 내는 성결하고 거룩한 삶으로 하나님을 영화롭게 하는 성도로서의 걸음을 걸어가야 합니다

하나님께서는 제사장인 아론과 그의 아들들에게 중요한 한 가지를 명합니다. 이스라엘 자손이 하나님께 드리는 예물인 '성물'에 관한 것입니다. '성물'인 이유는 비록 세상의 물질 가운데서 드려졌지만 '세상의 것으로부터 구별하여' 드려졌다는 것을 의미하고 있습니다. 이런 '성물'은 하나님께 드리는 예물에만 구별을 적용하고 있지 않습니다. '성물'을 먹는 자로서 제사장에 대한 것을 함께 거론하고 있습니다. (레 21:22)에 의하면 하나님께 드려진 음식이 둘로 나누어집니다. 하나는 '지성물'로서 제사장만 먹을 수 있는 예물입니다. 또 하나는 '성물'입니다. 이것은 제사장의 가족이 함께 나눠 먹을 수 있는 예물입니다. 이런 '성물'을 부정한 가운데 접하지 못하도록 합니다. '성물'은 먹는 것조차 하나님을 영화롭게 하는 부분이 됩니다.

성도는 자신의 삶에 대한 가치관을 바르게 세우는 것이 매우 중요합니다. 그렇지 않을 경우 하나님을 향한 신앙이 기복적이고, 우상 숭배적 요소를 담아내는 모습이 될 수 있습니다. 그리고 자신을 세속으로부터 구별해야 합니다. 성결하고, 거룩한 삶으로 하나님을 영화롭게 하는 신앙의 걸음을 걸어가야 합니다. 하나님을 어떻게 경배하고 섬기느냐에 따라 하나님의 이름이 세상 가운데 존귀하게 드러나기도 하고, 욕되게 드러나기도 합니다.

'성물'에 대해 스스로 구별하지 못하고 하나님의 거룩을 훼손한 자는 하나님의 이름을 욕되게 한 것이니 용서받지 못합니다. "내 앞에서 끊어지리라 나는 여호와이니라" 하나님의 거룩한 이름에 걸맞지 않은 세속으로부터 자신을 구별해 내는 성결하고 거룩한 삶으로 하나님을 영화롭게 하는 성도의 걸음을 걸어가야 합니다.

(4~8) 성도의 특권을 누리지 못하도록 훼방하는 세상의 문화로부터 자신을 구별해 내는 거룩으로 하나님을 영화롭게 하는 성도가 되어야 합니다

비록 제사장이라 할지라도 그 또한 하나님을 거룩히 섬기는 데 있어서 예외가 될 수 없습니다. 아론의 자손 중 '나병 환자'나 '유출병자', '부정한 것' 또는 '사람을 더럽힐 만한 것'에 접촉했을 경우 정결하기 전까지는 '성물'을 먹지 못하도록 명합니다. "시체나 찢겨 죽은 짐승을 먹음으로 자기를 더럽히지 말라 나는 여호와이니라" 짐승의 경우 식량으로 도살하지 않고 들짐승 등에 의해 죽임을 당한 짐승은 먹지 못하도록 합니다. 짐승의 사체 속에 피가 남아 있기 때문입니다. (신 12:23)에 의하면 '피'는 '생명'을 의미합니다. (레 17:14)에 의하면 "모든 생물은 그 피가 생명과 일체라"고 하였습니다. '생명'은 생명을 주관하시는 여호와께 속한 것입니다. '피'를 먹는 것은 생명의 주관자 되시는 하나님을 넘어서는 행위가 됩니다.

세상으로부터 거룩하게 구별된 성도인 우리는 거룩한 백성으로서 누릴 특권이 있습니다. 그러나 우리가 살아가는 삶 가운데는 '나병'과 같은 환경, '유출병'과 같은 환경, '사람을 더럽힐 만한 것들'이 요소요소에 도사리고 있습니다. 비록 성도의 특권을 가지고 있을지라도 자신을 거룩하게 구별하지 못하면 하나님께서 허락하신 특권을 누리지 못합니다. 여기에는 누구도 예외가 될 수 없습니다. 성도의 특권을 누리지 못하도록 방해하는 세상의 문화로부터 자신을 거룩하게 구별해 내야 합니다. 거룩을 지켜내는 것은 곧 하나님으로부터 주어진 특권을 누리는 권세를 가질 뿐 아니라 이것이 하나님을 영화롭게 하는 길이 된다는 것을 잊지 않아야 합니다.

(9) 하나님을 욕되게 하지 않도록 하나님께서 명령한 것을 지켜 준행하는 거룩한 신앙의 자세로 하나님을 영화롭게 하는 성도가 되어야 합니다

우리는 자신을 어떻게 거룩하게 지킬 수 있을까요? 그 답은 아주 간단명료합니다. 하나님께서 명령한 것을 지켜 준행하는 신앙의 자세입니다. 하나님께서 명한 것을 지키지 않는 것은 곧 하나님을 욕되게 하는 것이며, 하나님 앞에 죄를 짓는 행위가 됩니다. 더 나아가 죽음에 이르게 되는 이유가 되기도 합니다. 그러니 하나님께서 명한 것을 지켜 준행하는 것은 안팎으로 자신을 가장 복된 길로 인도하는 조건이 된다는 것을 잊지 않아야 합니다. 하나님께서 명하신 것이 무엇입니까? 규례와 법도이고, 계명입니다. 이것이 하나님의 음성이고, 하나님께서 명령하신 것입니다. 그리고 이것이 우리를 거룩하게 세우는 길이고, 하나님을 영화롭게 하는 길입니다.

(잠 14:34)에 의하면 "공의는 나라를 영화롭게 하고 죄는 백성을 욕되게 하느니라"라고 하였습니다. 공의의 기준은 어디에서 비롯됩니까? 하나님께서 명하신 것에서 비롯됩니다. (시 50:23)은 "감사로 제사를 드리는 자가 하나님을 영화롭게 한다"라고 하였습니다. 하나님께서 명령하신 것을 지켜 준행하는 거룩한 신앙의 자세로 하나님을 영화롭게 하는 성도가 되어야 합니다.

(적용)

오늘을 살아가면서 그리스도인으로서 거룩한 백성이 되었다는 것을 종종 잊어버리는 경향들이 있습니다. 하나님을 영화롭게 하는 신앙과 삶이 가장 중요한 골격임에도 불구하고 이것을 가볍게 여기고 있는 것이 요소요소에서 발견되고 있습니다. 레위기의 말씀을 거울삼아야 합니다. 하나님의 거룩한 이름에 걸맞지 않는 세속으로부터 자신을 구별해야 합니다. 하나님을 욕되게 하지 않도록 하나님께서 명한 것을 지켜 준행하면서 성결하고 거룩한 삶으로 하나님을 영화롭게 하는 성도가 되어야 합니다. 이렇게 하나님을 영화롭게 세워나가는 자는 하나님께서 주신 특권을 누리는 복된 자리에 세워질 것이며, 하나님께서 특별한 은혜를 베풀어 주실 것입니다.

(겔 47장)의 모습처럼 하나님의 은혜가 흘러서 죽은 바다와 같은 모습을 하고 있던 그곳에 생육, 번성, 충만의 역사를 일으킬 것입니다. 각기 종류를 따라 큰 물고기를 많게 할 것이며, 메마른 땅에 물이 흘러 강을 만들고, 그 강가에는 각종 먹을 과실나무가 풍성하게 열매를 맺을 것입니다. 하나님께서 명령한 것을 지켜 준행하는 거룩한 신앙의 자세로 하나님을 영화롭게 하는 성도가 되어야 합니다.

[생각하며 나누는 시간]

1. 세속으로부터 거룩을 지켜내기 위해 성도로서 어떤 길을 걸어가야 할까요?

2. 성도로서 거룩한 삶을 살아가지 못하도록 방해하는 나병과 같은 환경, 유출병과 같은 환경에 대해 열거해봅시다

3. 거룩한 신앙의 자세로 하나님을 영화롭게 하는 성도가 되어야 합니다. 우리는 무엇으로 자신을 거룩하게 만들어갈 수 있을까요?

하나님의 기쁨이 되자 (레 22:17~25)

22:17 여호와께서 모세에게 말씀하여 이르시되
22:18 아론과 그의 아들들과 이스라엘 온 족속에게 말하여 이르라 이스라엘 자손이나 그 중에 거류하는 자가 서원제물이나 자원제물로 번제와 더불어 여호와께 예물로 드리려거든
22:19 기쁘게 받으심이 되도록 소나 양이나 염소의 흠 없는 수컷으로 드릴지니
22:20 흠 있는 것은 무엇이나 너희가 드리지 말 것은 그것이 기쁘게 받으심이 되지 못할 것임이니라
22:21 만일 누구든지 서원한 것을 갚으려 하든지 자의로 예물을 드리려 하여 소나 양으로 화목제물을 여호와께 드리는 자는 기쁘게 받으심이 되도록 아무 흠이 없는 온전한 것으로 할지니
22:22 너희는 눈 먼 것이나 상한 것이나 지체에 베임을 당한 것이나 종기 있는 것이나 습진 있는 것이나 비루먹은 것을 여호와께 드리지 말며 이런 것들은 제단 위에 화제물로 여호와께 드리지 말라
22:23 소나 양의 지체가 더하거나 덜하거나 한 것은 너희가 자원제물로는 쓰려니와 서원제물로 드리면 기쁘게 받으심이 되지 못하리라
22:24 너희는 고환이 상하였거나 치었거나 터졌거나 베임을 당한 것은 여호와께 드리지 말며 너희의 땅에서는 이런 일을 행하지도 말며
22:25 너희는 외국인에게서도 이런 것을 받아 너희의 하나님의 음식으로 드리지 말라 이는 결점이 있고 흠이 있는 것인즉 너희를 위하여 기쁘게 받으심이 되지 못할 것임이니라

하나님의 기쁨이 되자 (레 22:17~25)

　　죄인인 우리에게는 스스로 하나님의 기쁨이 될 수 있는 조건이 없습니다. 죄는 하나님을 향해 대적하는 모습을 하고 있기 때문입니다. 하나님께서 정결에 관한 규례와 희생 제물에 관한 규례를 주신 것은 하나님을 향해 온전히 설 수 있도록 길을 열어주기 위해서입니다. 계명과 법도와 규례는 하나님 입장에서 필요한 것이 아닙니다. 100% 우리 입장에서 필요한 것입니다. 하나님 입장에서는 우리를 향해 은혜를 베풀어주시는 것이 계명과 법도와 규례입니다. 하나님께서는 이런 계명과 법도와 규례를 통해 하나님께로 나아오는 자를 기뻐합니다. 그리고 이렇게 세워져 나아오는 자를 가리켜 성도라고 일컫습니다.

　　하나님께서 제물을 기쁘게 받으시는 이유는 물질의 중요성 때문이 아닙니다. 이 과정을 통해 자기 백성과 영적으로 교통하며 만남을 가질 수 있기 때문입니다. 우리는 하나님으로부터 큰 은혜를 받은 자들입니다. 모든 것은 하나님으로부터 말미암습니다. 우리는 한순간도 하나님을 향해 감사를 잃어버리지 않아야 합니다. 하나님께 드려지는 예물과 그 성물을 통해 주시는 하나님의 말씀을 비춰보면서 "나는 어떻게 하나님의 기쁨이 되어야 하는지" 돌아볼 수 있어야 합니다. 나는 삶과 신앙에 대해 어떤 모습으로 하나님의 기쁨이 되어야 할까요?

(17~20) 구원의 백성답게 하나님께 흠 없이 드려지는 예물과 같은 삶으로 하나님의 기쁨이 되어야 합니다

이스라엘 자손들이 다른 민족과 구별되는 이유는 이들이 특별한 혈통을 가졌거나 하나님으로부터 특별히 칭찬받을 일을 했기 때문이 아닙니다. 이들 또한 죄인이며, 다른 민족과 구별될 만한 어떤 이유도, 조건도 가지고 있지 못합니다. 하나님께서 전적으로 은혜를 베푸셔서 이들을 구원의 백성으로 삼았을 뿐입니다. 이들을 '거룩한 백성'이라고 부른 이유 또한 특별한 민족이기 때문에 그렇게 부르는 것이 아닙니다. (레 11:44)에 의하면 하나님은 자체적으로 거룩합니다. 이런 하나님께서 은혜를 베푸셔서 택한 백성 삼았기에 우상 숭배자들과 구별되어야 한다는 의미에서 '거룩한 백성'이라고 부르고 있습니다.

하나님의 택한 백성 가운데는 이스라엘 자손도 있고, 다른 거류민들도 있습니다. 이렇게 택함을 받은 백성들이 하나님께 드리는 제사에는 크게 두 가지 방식이 있었습니다. 속죄제와 속건제와 같이 의무적으로 드리는 제사와 소제와 화목제같이 자원하여 드리는 제사가 있습니다. 화목제 가운데는 자신의 맹세를 담보로 하는 서원제가 있고, 자원제가 있습니다. 이렇게 드려지는 모든 제사의 방식에는 공통점이 있습니다. "하나님이 기쁘게 받으심이 되도록" 해야 합니다. 특히 제물에 흠이 없어야 합니다. 제물에 흠이 있다는 것은 '결함'이 있다는 것을 말합니다. 하나님을 향해 온전한 모습이 되지 못합니다. 하나님의 기쁨이 되지 못합니다.

우리는 하나님께서 세상으로부터 구별해낸 구원의 백성입니다. 하나님을 향한 신앙이 "흠 없는 모습으로" 세워져야 합니다. 하나님께서 기뻐 받으시는 조건은 우리의 탁월함과 뛰어난 재능에 있지 않습니다. "흠이 없어야" 합니다. 우상숭배가 없는 흠 없는 모습, 안식일을 거룩하게 지켜나가는 흠 없는 모습, 하나님의 법도와 규례를 지키는 흠 없는 모습이 하나님을 기쁘게 합니다. 구원의 백성답게 하나님께 흠 없이 드려지는 예물과 같은 삶으로 하나님의 기쁨이 되어야 합니다.

(21~23) 타락한 세상이 구하는 방식의 부정한 삶을 멀리하고 하나님과 화목을 이루는 신앙의 모습으로 하나님의 기쁨이 되어야 합니다

하나님께 드리는 예물에는 규범이 있습니다. '흠 없는 것'이 예물이 되어야 합니다. 부정한 것으로 여겨진 것은 예물로 드리지 못하도록 규정하고 있습니다. '흠 있는 것'과 '부정한 것'은 '거룩'이 아니기 때문입니다. 그럼에도 불구하고 화목제 가운데 드려지는 자원하는 제물에 대해서는 예외를 둡니다. 소나 양이 비정상적으로 자라난 상태로 지체가 더하거나 덜한 것을 자원 제물로 쓸 수 있도록 허락합니다. 그러나 '눈 먼 것', '상한 것', '지체에 배임을 당한 것'과 같은 부정한 것은 여전히 제물이 되지 못합니다. 하나님의 기쁨이 되지 못합니다. 그러면 하나님께서는 어떤 이유 때문에 소나 양의 지체가 발육이 더하거나, 발육이 덜한 것은 자원하는 제물로 쓸 수 있도록 하셨을까요?

자원제는 공동체와 더불어 나눈다는 자발적인 의지에 초점이 맞춰져 있습니다. (출 35:5)에 의하면 자원은 '마음'으로부터 일어납니다. 이런 측면에서 하나님께서는 그 마음을 기쁘시게 받으시고 예물의 범위를 넓혀줍니다. 그러나 그 범위는 자원 제물에 국한되도록 합니다. 그리고 부정한 것은 예외 없이 멀리해야 할 대상이었습니다.

사랑의 하나님은 모든 것을 이해하고, 용서해 주실 것이라고 사람들은 말합니다. (요일 4:16)의 말씀처럼 "하나님은 사랑"입니다. 그러나 이것을 이유로 자신의 부정함과 불의함을 하나님의 사랑으로 덮을 수는 없습니다. 부정함과 불의함에는 반드시 그 값이 따릅니다. 타락한 세상이 구하는 부정한 삶은 어떤 모습으로도 함께해서는 안 됩니다. 구별하고, 멀리해야 합니다. 어떻게 하면 하나님과 화목을 이룰 수 있는지 신앙을 배워야 합니다. 신앙은 현대화로 해석될 수 없는 대목입니다. 신앙은 시대적 상황에 맞춰서 행해지는 것이 아닙니다. 타락한 세상이 구하는 방식의 부정한 삶을 멀리하고 하나님과 화목을 이루는 신앙의 모습으로 하나님의 기쁨이 되어야 합니다.

(24~25) 이방인의 풍습은 어떤 모습으로도 따르지 않아야 하며 하나님의 창조 원리를 보존하고, 지켜가는 거룩한 신앙의 자세로 하나님의 기쁨이 되어야 합니다

하나님께서는 드려지는 예물을 통해 두 가지를 강조합니다. 첫 번째는 우상을 숭배하는 이방의 풍속을 따르지 말 것을 강조합니다. 우상을 숭배하는 것은 마귀의 거짓된 유혹 가운데 일어나며 그 영향을 받은 인간의 부패한 마음에서 비롯됩니다. 그러니 우상숭배는 하나님의 기쁨이 되지 못합니다. 두 번째는 하나님께서 창조하신 원래의 모습을 유지하고, 보존할 것을 강조합니다. 고환이 상한 것, 치었거나, 터진 것, 베임을 당한 것이 겉으로 볼 때는 탁월해 보일지라도 생육, 번성, 충만에 이르는 창조의 원리와 함께하지 못합니다. 그러니 하나님의 기쁨이 되지 못합니다.

외형적으로 볼 때 최상의 예물이 아니라 하나님의 창조 원리를 지키고 있는지 돌아보는 것이 더 중요합니다. 외형적으로는 눈에 띄고, 화려해 보이지만 결점이 있고, 흠이 있는 신앙으로는 하나님의 기쁨이 되지 못합니다. 사람은 유한성을 가졌기 때문에 발견할 수 없고, 알지 못할 수 있습니다. 그러나 영이신 하나님은 우리의 마음까지 밝혀 보고 계십니다. 세속에 속한 이방인의 풍습은 어떤 모습으로도 따르지 않아야 합니다. 하나님의 창조 원리를 보존하고, 지켜가는 거룩한 신앙의 자세로 하나님의 기쁨이 되어야 합니다.

(적용)

하나님의 기쁨이 되는 길은 동떨어져 있지 않습니다. 가까이 있고, 어렵지 않으며, 힘들지 않습니다. 그 말씀에 순종하는 쉬운 길이 있습니다. 그럼에도 불구하고 오히려 더 힘든 곁길을 걸어가고 있는 모습이 우리의 모습이기도 합니다. 왜! 이런 일들이 벌어지고 있을까요? 우리 속에 묻어 있는 죄의 속성 때문입니다. 하나님은 이 또한 물리칠 수 있도록 우리에게 회개의 길을 열어주셨습니다.

우리는 구원의 백성답게 하나님의 기쁨이 되는 삶을 살아가야 합니다. 하나님께 흠 없이 드려지는 예물과 같은 삶은 멀리 있지 않습니다. 우상을 멀리하고, 안식일을 거룩하게 지키며, 타락한 세상이 구하는 부정한 삶을 멀리해야 합니다. 그리고 하나님의 창조 원리를 항상 돌이켜보는 신앙의 자세로 하나님의 기쁨이 되어야 합니다. 이런 우리를 향해 생육, 번성, 충만의 역사를 일으키는 것이 하나님의 기쁨이기도 합니다.

[생각하며 나누는 시간]

1. 구원의 백성답게 하나님께 흠없이 드려지는 예물과 같은 삶을 살려면 어떤 신앙의 자세를 가져야 할까요? 이것을 네 가지로 정리해봅시다.

2. 타락한 세상이 구하는 부정한 삶을 멀리해야 합니다. 주변에 멀리해야 할 부정한 삶이 있다면 어떤 것들이 있을까요?

3. 거룩한 신앙을 지켜내기 위해서는 이방인의 풍습과 같은 유형들을 몰아내야 합니다. 우리 주변에는 신앙을 위협하는 어떤 이방인의 풍습이 있나요?

결실을 맺는 성도 (레 23:15~21)

23:15 안식일 이튿날 곧 너희가 요제로 곡식단을 가져온 날부터 세어서 일곱 안식일의 수효를 채우고

23:16 일곱 안식일 이튿날까지 합하여 오십 일을 계수하여 새 소제를 여호와께 드리되

23:17 너희의 처소에서 십분의 이 에바로 만든 떡 두 개를 가져다가 흔들지니 이는 고운 가루에 누룩을 넣어서 구운 것이요 이는 첫 요제로 여호와께 드리는 것이며

23:18 너희는 또 이 떡과 함께 일 년 된 흠 없는 어린 양 일곱 마리와 어린 수소 한 마리와 숫양 두 마리를 드리되 이것들을 그 소제와 그 전제제물과 함께 여호와께 드려서 번제로 삼을지니 이는 화제라 여호와께 향기로운 냄새며

23:19 또 숫염소 하나로 속죄제를 드리며 일 년 된 어린 숫양 두 마리를 화목제물로 드릴 것이요

23:20 제사장은 그 첫 이삭의 떡과 함께 그 두 마리 어린 양을 여호와 앞에 흔들어서 요제를 삼을 것이요 이것들은 여호와께 드리는 성물이니 제사장에게 돌릴 것이며

23:21 이 날에 너희는 너희 중에 성회를 공포하고 어떤 노동도 하지 말지니 이는 너희가 그 거주하는 각처에서 대대로 지킬 영원한 규례니라

결실을 맺는 성도 (레 23:15~21)

　　이스라엘 백성들이 거주하던 가나안을 비롯한 팔레스틴 지역은 기후의 특징에 의해 1년에 두 차례 수확을 거둡니다. 첫 번째 수확은 우리의 달력으로 5, 6월에 해당하는 '보리' 수확의 추수이며, 두 번째는 9, 10월 사이에 거둬들이는 팔레스틴 지역의 주요 농산물인 포도와 올리브 등의 수확입니다. 하나님께서는 이 두 절기의 수확이 풍성해지도록 '늦은 비'와 '이른 비'를 내려 결실을 맺게 합니다. 결실은 뿌린 것이 있기 때문에 나타나는 결과가 아닙니다. 하나님께서 (창 1:29)을 통해 약속합니다. "내가 온 지면의 씨 맺는 모든 채소와 씨 가진 열매 맺는 모든 나무를 너희에게 주노니 너희의 먹을 거리가 되리라!"
　　결실은 하나님의 축복이며, 하나님의 형상을 향한 하나님의 약속의 실현입니다. 하나님께서는 보리 수확의 결실을 말하는 맥추절의 절기를 통해 우리에게 주시는 말씀이 있습니다. 하나님께서 주신 절기의 말씀은 우리를 향해 어떤 말씀을 들려주고 있을까요? 결실을 맺기 위해 우리는 어떤 신앙의 자세를 가져야 할까요?

(15~16) 수고하는 열심과 함께 하나님의 은혜를 기다리는 인내하는 신앙으로 하나님 나라의 결실을 맺어가는 자가 되어야 합니다

이스라엘 백성들은 보리의 밀을 수확하는 '맥추절'을 가리켜 '칠칠절'이라고 부릅니다. '유월절'과 '무교절'의 명절이 있는 날로부터 '칠 주'가 '일곱 번' 지난날에 행해지는 절기였기에 '칠칠절'이라고 불렀습니다. 하나님께서는 무엇 때문에 무교절이 있는 날로부터 '일곱째 날'이 일곱 번 지난 '오십일'째가 되는 그날을 '맥추절'로 삼도록 하셨을까요? 첫 번째는 결실을 맺기 위해서는 땀을 흘리는 수고가 있어야 한다는 것을 가르치고 있습니다. (출 23:16)은 맥추절에 관해 "맥추절을 지키라 이는 네가 수고하여 밭에 뿌린 것의 첫 열매를 거둠이니라"라고 말씀합니다. 수고하는 땀 흘림이 없이 열매를 바라는 것은 사탄이 주는 마음입니다.

두 번째는 열매라는 결실을 맺기 위해서는 '하나님의 때'를 기다리는 인내하는 신앙의 자세를 가져야 한다는 것을 가르치고 있습니다. 아무런 수고도 하지 않고, 풍성함을 구하거나, 하나님의 때를 기다릴 줄 모르는 마음은 사탄이 주는 마음입니다. 아담이 죄를 범한 이후 인간은 살아가면서 먹을 것을 구하기 위해 고생의 땀을 흘리는 수고를 해야만 했습니다. 그러나 하나님께서는 이 과정을 통해 또 하나의 은혜를 베풀어 주셨습니다. 죄를 억제하는 기능입니다. 정직한 땀은 죄를 돌아보지 않게 합니다. 그리고 수확이라는 결실의 열매를 얻습니다. 자신에게 주어진 환경에 대해 최선을 다합시다. 그리고 수고하는 그 열심과 함께 하나님의 은혜를 기다리는 인내하는 신앙으로 하나님이 기뻐하는 결실의 열매를 맺는 성도가 되어야 합니다.

(17~19) 하나님께 영광을 돌리며, 하나님께 감사할 줄 아는 진실한 신앙의 고백으로 하나님께서 맺혀 주시는 결실의 열매를 맺어가는 자가 되어야 합니다

하나님께서는 맥추절의 절기에 사용될 예물과 제사에

관해 특이한 것을 두 가지 말씀합니다. 첫 번째는 누룩을 넣은 떡을 허락합니다. 두 번째는 맥추절의 절기에 드리는 제사를 '번제'와 '소제' 그리고 '전제'와 '속죄제'와 '화목제'를 함께 곁들여드리라고 말씀합니다. (출 12:15)뿐만 아니라 성경의 곳곳을 통해 하나님께서는 드려지는 제사에 대해 '누룩'을 제거하라고 명합니다. 이런 누룩을 '맥추절'의 절기 때는 예물에 사용할 수 있도록 허락합니다. 도대체 이게 무슨 뜻일까요? 하나님은 오늘도 우리를 위해 일용할 양식을 공급해 주실 뿐만 아니라 누룩이 확장을 말하는 것처럼 우리의 삶에 대해 갑절의 풍성함으로 응답하길 원합니다.

맥추절의 절기에 드려지는 제사를 '번제'와 '소제' 그리고 '전제'와 '속죄제'와 '화목제'를 함께 곁들여드리라고 말씀합니다. 이때 '일곱 마리', '한 마리', '두 마리' 등, 드려지는 짐승의 수가 강조됩니다. 맥추절에는 예물로 드려질 양의 수가 무교절의 '일곱 배'가 되는 '일곱 마리'입니다. 이것은 풍성함을 상징하는 '누룩'과 같은 의미를 가지고 있습니다. 맥추절에 드리는 누룩을 비롯한 예물의 종류와 숫자는 하나님께서 모든 것에 대해 축복을 넘치도록 하셨다는 것을 강조하고 있습니다. 맥추절에 드리는 다양한 제사의 종류는 하나님으로부터 이런 축복을 받은 자는 어떤 자세를 취해야 하는지 가르쳐 주고 있는 대목입니다. 하나님께 영광을 돌리며, 감사할 줄 아는 진실한 신앙의 자세를 가져라는 것을 말하고 있습니다.

(20~21) 영적 흑암 속에 갇힌 영혼들로 하여금 빛 가운데로 걸어가도록 그들을 성회로 불러 모으는 일에 힘쓰고, 애쓰는 신앙의 자세로 결실을 맺는 자가 되어야 합니다

맥추절에 드리는 예물 가운데 제사장이 하나님께 흔들어 드렸던 '요제'가 있습니다. 이것은 예물에 대한 원소유자인 하나님께서 그 예물을 제사장에게 주셨다는 것을 뜻합니다. 하나님께서는 맥추절의 절기를 지키라고 명하면서 이날에 대해 "성회를 공포하라"라고 말씀합니다. '거룩한 소집'을 말하는 '성회'는 성경에 의하면 세 가지의 목적을 가지고 소집됩니다. 첫 번째는 (수 23:1~16)에 의하면 백성들을 소집하기 위한 목적을 가집니다. 두 번째는 (민 29:7)과 같이 '민족적인 대 회개운동'을 일으키는 신앙의 정결함을 위해 소집됩니다. 세 번째는 (신 16:8)에서 말씀하고 있는 것처럼 하나님을 경배하기 위해 소집됩니다.

하나님께서는 맥추절을 통해 물질의 풍성함을 말씀하면서 거룩을 잊지 말도록 합니다. 하나님께서는 맥추절을 '성회'로 모이도록 제사장이 백성들에게 이 사실을 알리도록 합니다. 그리고 백성들은 듣기만 하는 것이 아니라 서로가 서로를 향해 성회로 모이도록 크게 외치게 합니다. 우리는 세상을 향해 외쳐야 합니다. 욕심과 정욕과 시기와 질투 속에 헤매지 말고 하나님께로 나아오도록 '거룩'을 소리 높여 외쳐야 합니다. 맥추절의 수확이 물질만을 말하는 것이 아닌 것처럼 자신의 생업을 통해 세상 사람들을 하나님의 성회로 부르는 일에 힘쓰고, 애쓰는 신앙의 자세로 결실을 맺는 자가 되어야 합니다. 하나님께서 우리에게 주신 사명의 결실을 세상 가운데 풍성히 맺어가는 맥추절을 이루어가야 합니다.

(적용)

우리는 하나님께 얼마나 많은 감사를 드려야 할까요? 그것을 계산기로 계산해 보면, 답은 이렇게 나올 것입니다. "계산이 한계를 넘어버렸습니다" 우리는 하나님의 은혜의 때를 지금도 살아가고 있습니다. 그럼에도 불구하고 사람들 가운데는 힘든 세월을 살아가는 분도 계시고, 자신의 풍요를 누리며 살아가는 분도 계십니다. 이것을 불공평이라고 말할 수도 있습니다. 그러나 하나님의 은혜의 때를 감사함으로 받아들이는 신앙으로 자신을 먼저 세워야 합니다.

주어진 일에 대해 최선을 다하며, 하나님께 영광을 돌리는 자세를 가져야 합니다. 그리고 하나님의 은혜를 기다리는 인내하는 신앙이 되어야 합니다. 영적 흑암 속에 갇힌 세상을 하나님의 거룩한 성회로 불러 모으는 일에 힘쓰고, 애쓰는 신앙의 모습으로 결실을 맺는 자가 되어야 합니다. 그리하여 더 큰 풍성함으로 모든 삶에 대해 맥추절의 역사를 이뤄가는 자가 되어야 합니다.

[생각하며 나누는 시간]

1. 하나님 나라의 결실을 맺기 위해서는 어떤 신앙의 자세를 가져야 할까요?

2. 하나님께서 맺혀 주시는 결실의 열매를 맺어갈 때 어떤 신앙의 고백으로 반응하는 자가 되어야 할까요?

3. 영적 흑암 속에 갇힌 영혼들을 빛 가운데로 걸어가도록 어떤 일에 힘쓰고 애쓰는 성도가 되어야 할까요?

항상 하나님 앞에서 (레 24:5~9)

24:5 너는 고운 가루를 가져다가 떡 열두 개를 굽되 각 덩이를 십분의 이 에바로 하여
24:6 여호와 앞 순결한 상 위에 두 줄로 한 줄에 여섯씩 진설하고
24:7 너는 또 정결한 유향을 그 각 줄 위에 두어 기념물로 여호와께 화제를 삼을 것이며
24:8 안식일마다 이 떡을 여호와 앞에 항상 진설할지니 이는 이스라엘 자손을 위한 것이요 영원한 언약이니라
24:9 이 떡은 아론과 그의 자손에게 돌리고 그들은 그것을 거룩한 곳에서 먹을지니 이는 여호와의 화제 중 그에게 돌리는 것으로서 지극히 거룩함이니라 이는 영원한 규례니라

항상 하나님 앞에서 (레 24:5~9)

'떡'을 성경에서는 여러 가지로 표현을 하고 있습니다. (신 16:3)에서는 이스라엘 백성들이 애굽 땅에서 종으로 있다가 출애굽하면서 먹었던 '무교병'을 가리켜 '고난의 떡'으로 비유하고 있습니다. 반면 (시 127:2)에서는 하루의 노동을 통해 얻은 것을 상징하며 '수고의 떡'으로 표현하고 있습니다. 그리고 (마 26:26)에 의하면 마가 다락방에서 최후의 만찬을 거행하던 예수님께서는 제자들에게 '떡'을 떼 주시면서 '내 몸'이라고 칭합니다. 이와 같이 '떡'은 먹는 음식임에도 불구하고 어떤 때는 그 환경을 설명하기도 하고, 어떤 때는 그 사람의 모습을 설명하기도 합니다.

하나님께서는 성막을 지을 때 지성소와 휘장 하나를 사이에 두고 성소를 둡니다. 그리고 성소에 하나님의 백성인 이스라엘을 상징하는 '향로'와 '등잔대' 그리고 '떡상' 등 3

가지의 기물을 두도록 명합니다. 하나님께서는 '떡상' 위에 이스라엘의 열두 지파를 상징하는 '열두 개의 떡'을 올려놓도록 명합니다. 하나님 앞에 올려진 '열두 개의 떡'과 그 과정들을 통해 하나님 나라의 백성 된 자의 신앙에 대해 말씀합니다. 과연! '떡상' 위에 올려진 '열두 개의 떡'을 통해 하나님께서는 무슨 말씀을 하고 계실까요?

(5~6) 세상 방법으로 자신을 만들어가지 말고, 자신의 전인격을 하나님 앞에서 거룩히 세워나가는 자가 되어야 합니다

하나님께서는 성소의 '떡상' 위에 놓일 '열두 떡'을 만들 때 재료에 대해 두 가지를 명심하도록 합니다. 첫 번째는 떡의 재료로 '고운 가루'를 사용하도록 합니다. '고운 가루'를 뜻하는 '솔레트'는 (겔 16:13)에 의하면 값이 비싼 고급 양식을 만드는 데 사용하는 재료로써 왕실이나 아주 귀한 손님을 대접할 때 사용되는 재료입니다. 하나님의 백성이 어떤 가치를 가지는지 '솔레트'는 대변하고 있습니다. 세상에서 가장 존귀한 자가 하나님의 백성이라는 것을 일깨워주고 있습니다.

두 번째는 누룩이 들어가지 않은 '무교병'으로 떡을 만들도록 합니다. 하나님의 백성을 상징하는 떡을 만들 때는 세상의 맛이 들어가는 누룩을 넣지 못하도록 합니다. 하나님의 백성이 세속과 함께하는 모습은 거룩한 하나님 앞에 설 수 없는 이유가 됩니다. '무교병'은 죄악 된 세속이 함께하지 않는 순결한 모습을 갖추는 자가 되도록 가르침을 주고 있습니다. 이렇게 만들어진 '열두 떡'을 '순결한 상 위에' 올려놓도록 합니다.

하나님께 올려진 '열두 떡'인 우리의 전인격은 세상 사람들과 분명히 구별됨이 있어야 합니다. '고운 가루'와 같이 세상의 껍질을 벗긴 순수한 신앙의 자세로 하나님께 서야 합니다. 누룩이 없는 '무교병'과 같이 세상의 방법을 내려놓고 자신의 전인격을 하나님께 온전히 맡기는 하나님의 백성이 되어야 합니다.

세상적인 누룩과 같은 방법을 사용하면 더 좋은 결과, 더 많은 것을 얻을 수 있을 것입니다. 그러나 하나님께서는 그런 방법을 멈추라고 말씀합니다. 하나님의 말씀대로 신앙과 삶이 '무교병'과 같이 되었을 때, 모든 일에 대해 하나님께서 더 큰 은혜로 응답해 주신다는 것을 잊지 않아야 합니다. 세상 방법의 껍질을 벗기고, 누룩을 섞지 않은 신앙과 삶으로 하나님 앞에 자신을 거룩히 세워나가야 합니다.

(7) 하나님의 언약을 항상 기억하며 자신의 신앙과 삶을 하나님께 예물의 향기로 올려드리는 신앙의 자세를 가져야 합니다

하나님께서는 '열두 떡'을 '떡상' 위에 올려놓을 때 여섯 개씩 두 줄로 떡을 올려놓도록 합니다. 그런데 아이러니한 것은 여섯 개씩 놓인 두 줄의 떡 위에 '유향'을 담은 금잔을 올려놓고 향을 피우도록 합니다. 그리고 하나님께서는 그것을 기념물로 삼을 것이라고 말씀합니다. '열두 떡' 위에 올려진 두 금 그릇의 유향은 '열두 떡'을 대신하여 태워지는 화제의 역할을 하고 있습니다. 하나님께서는 그것을 '기념물로 삼는다'라고 말씀합니다. '기념한다'는 것은 '어떤 것을 잊지 않고 반드시 기억한다'는 것을 의미합니다. 하나님께서는 '열두 떡' 위에 놓은 향이 그 떡을 대신하여 태워지도록 합니다. 그리고 하나님께서는 태워진 유향의 연기를 통해 이스라엘을 향한 언약을 잊지 않고 기억하겠다라고 말씀합니다.

이스라엘이 진짜 이스라엘이 되는 것은 유대인의 혈통이 아닙니다. 하나님의 백성 된 자로서 진짜 향기를 날릴 때입니다. 하나님의 언약을 항상 기억하며 하나님께서 명하신 것을 준행하며 살아가는 신앙과 삶이 하나님을 향한 백성의 향기입니다. 우리의 모습도 마찬가지입니다. 교회에 출석하는 모양만 취한다고 모두가 하나님의 백성이 아닙니다. '순결한 상위'에 올려진 '열두 떡'의 모습이 되어야 합니다. 그리고 그 위에 올려진 유향처럼 자신의 신앙과 삶이 태워져서 하나님께 기억되어야 합니다. 무엇으로 그 향을 태워야 할까요?

첫 번째는 하나님이 나의 왕이 되시는 신앙의 향기로 자신을 태워야 합니다. 두 번째는 하나님께서 주신 말씀을 지켜 준행하는 삶의 신앙을 통해 자신을 태워야 합니다. 이런 우리를 하나님은 자기 백성으로 기억합니다. 그리고 하나님께서 약속하신 대로 축복합니다. "내가 오늘 명하는 모든 명령을 너희는 지켜 행하라 그리하면 너희가 살고 번성하고 여호와께서 너희의 조상들에게 맹세하신 땅에 들어가서 그것을 차지하리라!"(신 8:1)

(8~9) 우리에게 영원한 안식을 주시는 하나님께 드려지는 이 땅의 지성물이 되어야 합니다

　하나님께서는 성소의 떡상 위에 올려진 '열두 떡'에 대해 다시 말씀합니다. "안식일마다 이 떡을 항상 새롭게 하여라!" 하나님께서는 떡상 위의 떡을 안식일마다 새것으로 교체하도록 명합니다. 그리고 상에 올려진 지 일주일이 된 이스라엘을 상징하는 '그 떡'을 버리지 말도록 합니다. 과연! 하나님께서는 그 떡을 어떻게 하셨을까요? 제사장인 아론과 그의 자손들로 하여금 '그 떡'을 먹도록 합니다. 무교병으로 만들어 맛도 없고, 일주일이나 지나서 굳어버리고, 먼지가 묻어 더러워진 '그 떡'을 가치 없다고 말하지 않습니다. 오히려 하나님께서는 이렇게 말씀합니다. "거룩한 것이니라"

　여호와 신앙으로 자신을 세워나갑시다. 세상의 방법이 아니라 하나님 말씀대로 자신을 세워나갑시다. 그럴 때 세상 사람들의 눈에 우리는 맛이 없어 보이고, 유통기간이 지나 먹지 못할 '열두 떡'처럼 보일 것입니다. 그러나 가치 없고, 볼품없는 우리를 세상에서 가장 가치 있는 존재로 삼으신 하나님을 기억하십시오. 그리고 오늘도 우리를 새롭게 하시는 하나님을 바라보며 하나님 품 안에서 영원한 안식을 누리시

길 바랍니다. 그리고 또 하나 우리에게 영원한 안식을 주시는 하나님의 은혜를 잊지 않는 '지성물'이 되어야 합니다. 오늘도 하나님의 마음을 시원케 하고, 기쁘게 하는 일에 쓰임 받는 하나님께 드려진 '지성물'이 되어야 합니다.

(적용)

하나님께서는 떡상의 떡을 만들 때 두 가지를 명합니다. 첫 번째는 껍질을 완전히 벗기고 순수한 '고운 가루'를 사용하도록 명합니다. 두 번째는 맛을 내는 누룩을 넣지 말 것을 명합니다. '그 떡'은 누룩이 들어가지 않았기에 세상적인 기준으로 평가할 때 맛도, 가치도 없는 떡이었습니다. 그러나 하나님께서 '그 떡'을 기억한다고 하셨고, 거룩히 여기신다고 하셨습니다. 그리고 '그 떡'을 향한 언약을 영원히 지킬 것을 약속합니다.

(벧전 2:4)을 보십시오! 사람에게 버린 바 되었던 돌을 하나님께서 택하니 '보배로운 산 돌'이 되지 않았습니까! 세상 사람들이 뭐라고 말해도 영원하신 하나님, 불변하신 하나님 앞에서 자신을 세워가는 지성물과 같은 하나님의 백성이 되어야 합니다. 항상 하나님 앞에서 행하듯 자신을 세워나가는 신앙과 삶의 모습을 가져야 합니다.

[생각하며 나누는 시간]

1. 자신을 하나님 앞에 어떤 모습으로 거룩히 세워나가야 할까요?

2. 하나님께 어떤 예물을 향기로 올려드려야 할까요?

3. 나는 하나님께 어떤 지성물이 되어야 할까요?

반드시 심어야 할 것 (레 25:1~7)

25:1 여호와께서 시내 산에서 모세에게 말씀하여 이르시되
25:2 이스라엘 자손에게 말하여 이르라 너희는 내가 너희에게 주는 땅에 들어간 후에 그 땅으로 여호와 앞에 안식하게 하라
25:3 너는 육 년 동안 그 밭에 파종하며 육 년 동안 그 포도원을 가꾸어 그 소출을 거둘 것이나
25:4 일곱째 해에는 그 땅이 쉬어 안식하게 할지니 여호와께 대한 안식이라 너는 그 밭에 파종하거나 포도원을 가꾸지 말며
25:5 네가 거둔 후에 자라난 것을 거두지 말고 가꾸지 아니한 포도나무가 맺은 열매를 거두지 말라 이는 땅의 안식년임이니라
25:6 안식년의 소출은 너희가 먹을 것이니 너와 네 남종과 네 여종과 네 품꾼과 너와 함께 거류하는 자들과
25:7 네 가축과 네 땅에 있는 들짐승들이 다 그 소출로 먹을 것을 삼을지니라

반드시 심어야 할 것 (레 25:1~7)

　사람은 하나님의 형상으로 창조되었습니다. 하나님의 형상으로 창조되었다는 것은 사람이 신과 같은 존재가 아니라 하나님의 목적 가운데 창조되었다는 것을 말합니다. 피조물은 신과 같을 수 없습니다. 피조물은 피조 된 존재로서 한계를 가질 수밖에 없습니다. 이런 하나님의 형상을 향해 하나님께서 법도와 규례를 줍니다. 이것은 사람을 규제하기 위한 장애물이 아닙니다. 한계성을 가지고 있는 사람으로 하여금 하나님께서 축복하신 축복을 풍성하게 누리도록 하기 위한 은혜의 울타리입니다. 그러니 법도와 규례는 우리를 향한 하나님의 은혜의 수단이기도 합니다.
　하나님께서 주신 법도와 규례 가운데 '안식년'이라는 제도가 있습니다. 일주일째 되는 날이 '안식일'이라면 칠 년째 되는 해는 '안식년'이 됩니다. 그리고 '안식년'이 일곱 번째 되는 해를 가리켜 '희년'이라고 말합니다. 하나님께서 명하신 '안식년'과 '희년'은 '회복'이라는 공통점을 가지고 있습니다. 하나님께서는 '안식년'을 돌아보면서 우리에게 세 가지의 신앙심을 심도록 명하고 있습니다. 어떤 신앙을 심어야 할까요?

(1~2) 자신을 항상 하나님 가까이에 두는 신앙심을 심어야 합니다

안식일의 규례가 칠 일째를 가리킨다면 안식년의 규례는 '한 해' 전체를 가리키고 있습니다. 안식일과 안식년 그리고 희년의 공통점은 모두 '7'이라는 숫자와 관련이 있습니다. '7'이라는 숫자는 '완전수'에 해당이 됩니다. 특히 '7'이라는 숫자는 언약의 성취와 관련하여 필연적으로 등장하는 숫자이기도 합니다. 이런 '7'이라는 숫자는 '안식'과 관련을 가지고 있습니다. '안식'이란 창조주 하나님께서 사람에게 주신 선물입니다. 안식은 (출 20:8~11)과 (히 4:1~11)에 따르면 육체적으로, 정신적으로, 영적으로 쉼을 얻으며 하나님과 교제하는 것을 말하고 있습니다.

'안식'을 '7'이라는 완전수와 연결하고 있는 것은 안식의 진정한 의미는 단순히 쉼을 가지는 것이 아니라 하나님 안에 자신을 세워나가는 것임을 말하고 있습니다. 안식은 두 가지의 근본적인 원리 가운데 지켜집니다. 첫 번째는 하나님을 의지하는 신앙의 자세를 가지는 것입니다. 두 번째는 하나님의 통치를 받는 하나님 나라 백성의 자세를 가지는 것입니다. 이런 안식의 근본이 흔들리면 하나님의 축복을 누릴 자격이 없어집니다. 하나님을 의지하는 신앙과 하나님의 법도와 규례를 지키는 하나님의 통치 원리를 벗어나면 안식이라는 평강은 없다는 것을 하나님께서는 모세를 통해 명심시키고 있습니다.

우리는 하나님 안에서 안식을 누릴 수 있습니다. 왜냐하면 안식일의 주인은 하나님이기 때문입니다. "인자는 안식일의 주인이니라 하시니라"(마 12:8) 자신을 항상 안식일의 주인이신 하나님께 가까이 두는 신앙심을 심어야 합니다. (갈 6:7)은 말씀을 줍니다. "사람이 무엇으로 심든지 그대로 거두리라" 항상 하나님을 가까이 두는 신앙심을 심어 여호와 앞에서 안식하는 삶을 누리는 자가 되어야 합니다.

(3~5) 하나님의 창조 원리와 질서인 조화로움을 지켜내는 안식년의 신앙을 세상 가운데 심어야 합니다

　세상에는 상대성이 존재합니다. 하나님께서는 창조하실 때 상대성을 대결의 구도 또는 경쟁 관계 속에 두지 않았습니다. 조화로움을 이끌어내는 측면에서 상대성을 두었습니다. 이것이 창조의 원리입니다. 그러나 인간이 죄를 범하면서 상대성은 대결과 경쟁의 구도가 되었고 착취와 같은 모습으로 나타났습니다. 그러니 자연에 대해서도 자신의 소유와 획득을 위해 무분별하게 개발을 일삼고 있는 것입니다.

　안식의 원리를 지키는 것은 피조 세계가 거부할 수 없는 하나님의 창조 질서와 원리를 지켜내는 것입니다. 따라서 안식년에 땅을 쉬게 하는 것 또한 하나님의 창조 원리 가운데 있는 조화로움으로 해석이 됩니다. 비록 자신이 소유하고 있는 땅이라 할지라도 그 땅의 원주인은 하나님입니다. 하나님께서는 안식년의 제도를 두면서 사람뿐만 아니라 자연에 이르기까지 안식을 명하고 있습니다.

　대결과 경쟁 구도 그리고 잘못된 소유의 원리를 세상으로 하여금 깨닫게 해야 합니다. 하나님의 창조 원리와 질서는 세상으로 하여금 조화로움을 지켜내도록 안식을 만들어갑니다. 창조 원리와 창조 질서를 바르게 지켜내는 안식년의 신앙을 세상 가운데 심어야 합니다. 이웃을 내 몸과 같이 사랑하는 것은 창조의 원리이며, 창조의 질서입니다. 자연을 통해서도 조화로움을 배워야 합니다. 자신이 얻을 것만 생각하면 창조의 원리와 질서에 따른 안식년의 가치관은 만들어지지 않습니다. 하나님의 창조 원리와 질서의 결과인 조화로움을 지켜내는 안식년의 신앙을 세상 가운데 심는 자가 되어야 합니다.

(6~7) 섬김과 나눔의 신앙심을 세상 가운데 심어야 합니다

하나님께서는 '일곱째 해'를 안식년으로 정합니다. 그리고 안식년에는 그 땅을 휴경하도록 명합니다. 안식년에 그 땅에서 생성된 자연적 소출에 대해서도 하나님께서 법도와 규례를 세웁니다. 첫 번째는 공동 소출이 되게 합니다. 두 번째는 공동 소출이 가진 자의 소득이 되는 것이 아니라 자신의 소유를 주장할 수 없는 종들과 품꾼들 그리고 거류하는 자들의 먹을 것이 되도록 명합니다. 세 번째는 각각의 가축과 야생 동물의 먹이가 되도록 합니다. 안식년의 해택이 동물들에게까지 미치는 것은 하나님께서 창조하신 땅은 사람만을 위한 것이 아니라는 것을 명심시키고 있습니다. 땅은 모든 피조물이 함께 누려야 할 공동 터전인 것을 말하고 있습니다.

안식년은 하나님과 피조 세계 가운데 맺어진 언약입니다. 우리는 이런 안식년의 정신을 통해 바르게 세워야 할 사고관이 있습니다. 섬김과 나눔의 신앙적 사고관입니다. 안식년의 신앙을 세상 가운데 심으려면 우리 자신이 먼저 안식년의 신앙이 무엇을 말하고 있는지 알아야 합니다. 안식년의 신앙 가운데 새겨 있는 섬김과 나눔의 정신은 물질에 대한 사고관이 자신의 재산과 소유라는 개념에서 벗어나게 합니다. 하나님께서 물질을 주신 것은 우리의 필요를 채우기 위함이지만 그 가운데는 섬김과 나눔이 함께 하고 있다는 것을 잊지 않아야 합니다. 안식년의 바른 신앙관을 세상 가운데 심어야 세상이 영적으로 건강해지고 나 또한 영적으로 건강해집니다.

(적용)

열매는 심은 자에게 주어지는 결론입니다. 이것은 창조의 원리이며, 질서이기도 합니다. 열매는 그 나무의 결과물이기도 합니다. 열매는 거짓말하지 않습니다. 열매는 그 사람이 무엇을 심었는지 알게 합니다. 하나님은 창조주이면서 지금도 만물을 친히 운행하시는 주관자입니다. 하나님께서 안식년의 규례를 주셨습니다.

안식년의 규례를 지키는 것은 내가 하나님 앞에서 안식할 수 있는 신앙의 나무를 심는 것입니다. 복된 열매로 응답받습니다. 자신을 항상 하나님 가까이에 두는 신앙심을 심어야 복된 자리에 세워집니다. 만물의 주관자 되시는 하나님의 창조 원리와 질서인 조화로움을 세상 가운데 세우는 안식년의 신앙을 심어야 합니다.

[생각하며 나누는 시간]

1. 우리는 하나님의 형상으로서 하나님을 향해 어떤 신앙심을 심어야 할까요? 세 가지를 말해봅시다

2. 우리가 안식년을 지키는 것은 어떤 의미를 가지고 있나요?

3. 안식년의 정신은 하나님의 창조 원리를 돌아보게 합니다. 안식년의 정신을 살려 실천할 것이 있다면 어떤 것들이 있는지 말해봅시다

그리하면 (레 26:1~5)

26:1 너희는 자기를 위하여 우상을 만들지 말지니 조각한 것이나 주상을 세우지 말며 너희 땅에 조각한 석상을 세우고 그에게 경배하지 말라 나는 너희의 하나님 여호와임이니라
26:2 너희는 내 안식일을 지키며 내 성소를 경외하라 나는 여호와이니라
26:3 너희가 내 규례와 계명을 준행하면
26:4 내가 너희에게 철따라 비를 주리니 땅은 그 산물을 내고 밭의 나무는 열매를 맺으리라
26:5 너희의 타작은 포도 딸 때까지 미치며 너희의 포도 따는 것은 파종할 때까지 미치리니 너희가 음식을 배불리 먹고 너희의 땅에 안전하게 거주하리라

그리하면 (레 26:1~5)

　　레위기는 율법을 중심에 두고 결론 부분에서 두 가지를 말합니다. '축복'과 '저주'입니다. 이런 레위기는 가장 중요한 세 가지의 율법을 조명하고 있습니다. 첫 번째는 우상과 관련된 것은 어떤 모습으로도 금할 것을 명하고 있습니다. 두 번째는 안식일을 지킬 것을 명합니다. 세 번째는 하나님의 성소를 경외할 것을 명합니다. 이런 세 가지의 중심적 율법을 두면서 이것을 알게 합니다. "그리하면!" 결론은 '축복'과 '저주'로 갈라집니다. 하나님께서 레위기를 마무리하는 장면에서 이스라엘 백성들에게 '삼대 기본 율법'이 무엇인지 종합적으로 마음 판에 새기도록 말씀을 확실하게 조명해 줍니다.

　　하나님께서 '삼대 기본 율법'을 이스라엘 백성들에게 명심시키고 있는 이유는 무엇 때문일까요? '삼대 기본 율법'

은 하나님을 향한 신앙의 근본을 이루는 골격입니다. 동시에 마귀가 하나님의 형상인 사람들로 하여금 자신을 향하도록 시대를 막론하고 변함없이 사용하는 가장 고전적인 공격 무기가 '삼대 기본 율법'을 어기도록 훼방하는 것입니다. 모든 것에는 근본이 있고 기준이 있습니다. 나는 내 삶의 중심에 '삼대 기본 율법'을 두고 있는지 되돌아봐야 합니다. '삼대 기본 율법'을 중심에 두며 나갈 때 하나님께서는 우리를 향해 어떻게 응답하실까요?

(1~2) 만물의 참 주인은 하나님이라는 신앙의 고백과 함께 하나님을 경외하는 신앙의 근본 위에 세워진 자는 하나님께서 번성의 역사로 응답해 줍니다

하나님께서 시내 산을 통해 주신 율법의 중심을 이루고 있는 '삼대 기본 율법' 가운데 첫 번째는 '우상'을 금지하는 명령입니다. 우상이 만들어지는 가장 대표적인 원인의 출발점은 "자기를 위하여"입니다. 자기를 위하여 우상이 만들어집니다. 우상은 매우 다양한 모습으로 사람들을 휘감고 있습니다. 우상은 눈에 보이는 조각을 섬기는 것만이 아닙니다.

하나님 외에 다른 신을 섬기는 행위 그리고 어떤 특정한 기둥 또는 물체를 신성화하는 행위 등 '우상화'는 영적인 매춘 행위와도 같습니다. 하나님의 심판을 불러오게 됩니다.

두 번째는 안식일을 지키는 것입니다. 안식일을 구별된 날로 여기도록 한 것은 하나님의 창조 목적 가운데 새겨진 '예배자'와 '청지기'로서 모습을 갖추어가는 것을 말합니다. 안식일을 거룩하게 지켜간다는 것은 하나님을 인정하는 것이며 그분만을 섬긴다는 고백이 함께하고 있습니다. 세 번째는 하나님의 성소를 경외하는 것입니다. '경외한다'는 것은 '두려워하다'와 인간의 '방자함'과 '패역함을 버리라'는 의미까지 포함됩니다.

하나님의 성소를 경외한다는 것은 신은 오직 하나님 한 분뿐이며 만물의 진정한 주인은 하나님이라는 신앙의 고백과 함께 오직 하나님 한 분만이 예배의 대상이라는 것을 말하고 있습니다. 이런 신앙의 근본에 대해 흔들림이 없어야 합니다. 이렇게 하나님을 경외하는 신앙의 근본 위에 세워진 자는 하나님께서 번성의 역사로 응답해 주신다는 것을 잊지 않아야 합니다.

(3~4) 하나님의 규례와 계명을 지키며 모든 것의 주관자가 하나님이라는 신앙의 근본 위에 세워진 자는 하나님께서 그의 모든 소산을 축복하여 행하는 것마다 결실을 맺는 역사로 응답해 줍니다

우리가 하나님을 사랑한다는 것을 무엇으로 증명할 수 있을까요? 하나님의 규례와 계명을 지키는 것이 하나님을 향한 사랑의 표현입니다. 그리고 하나님의 규례와 계명을 지키는 것은 추상적인 것을 말하고 있지 않습니다. 하나님의 백성으로서 삶에 나타나는 구체적인 것을 말하고 있습니다. 그러니 영육이 하나님을 향해 바르게 세워지지 않고는 하나님의 규례와 계명을 지켰다고 말할 수 없습니다. 하나님의 규례와 계명을 지키면 만물의 주관자 되시며, 화복의 주관자 되시는 하나님께서 이렇게 축복할 것을 약속하셨습니다. 첫 번째는 "철을 따라 비를 주실 것"을 약속하셨습니다. 두 번째는 "땅은 그 산물을 낼 것"을 약속하셨습니다. 세 번째는 "밭의 나무가 열매를 맺을 것"을 약속하셨습니다.

'땅'과 '밭'에 결실이 없을 때 일반적으로 사람들은 자연이라는 환경을 돌아봅니다. 그러나 이보다 앞서야 할 것은 이 모든 것들을 다스리는 하나님을 기억해야 합니다. 만물을 다스리고 주관하고 계시는 하나님의 뜻을 깨닫기 위해 노력

하는 신앙이 되어야 합니다. 신앙과 삶의 터전 그리고 자신이 살아가는 환경을 삼원화시켜 보는 불신앙의 관점을 거둬내야 합니다. 모든 것을 주관하고 계시는 하나님의 관점 안에서 신앙으로 돌아보고 자신의 삶을 점검하는 신앙의 자세를 하나님은 지켜보고 계십니다. 이런 신앙의 근본 위에 세워지면 하나님의 상상을 초월하는 간섭이 역사 가운데 일어납니다. 그의 모든 소산을 축복하여 행하는 것마다 결실을 맺는 역사로 응답하여 줍니다.

(5) 하나님의 말씀을 지켜 순종하는 신앙의 근본 위에 세워진 자는 하나님께서 물질뿐만 아니라 친히 그의 보호처가 되어주실 것을 약속하셨습니다

하나님의 규례와 계명을 준행하는 자를 향한 하나님의 축복이 어떤 정도인지 이렇게 밝힙니다. "3, 4월 보리 수확부터 7, 8월의 포도를 따는 초가을까지 수확이 끊어지지 않고 풍성하게 맺을 것이며 추수의 결실이 그 다음 해에 파종을 시작하는 4월까지 계속될 것입니다" 여기에 더하여 그 풍성함을 누릴 보호처도 함께 약속합니다. 하나님께서 맺어주시는 결실의 결과물은 세상에서 얻어지는 풍성한 수확과 두 가지 측면에서 다릅니다. 첫 번째는 모든 풍성함이 다음 파종 때까지 이어집니다. 두 번째는 풍성함이 침노당하지 않도록 하나님의 은혜 가운데 머물게 합니다.

하나님의 규례와 계명을 지키는 자를 하나님께서는 축복합니다. 수확에 따른 소득이 끊어지지 않을 것이며 삶에 있어서도 하나님께서 직접 보호처가 되어주실 것을 약속합니다. 하나님께서 제공하는 은혜의 터는 추상적인 것이 아닙니다. 실제적이며 구체적으로 그 장막들이 펼쳐집니다. 하나님의 축복은 환경을 초월합니다. 하나님께서 때를 따라 도우실 것이며 하나님께서 그를 친히 지키시는 보호처가 되어주실 것을 약속하셨습니다.

(적용)

하나님의 규례와 계명을 지키면 축복이고, 그 계명을 지키지 않으면 저주가 주어질 것을 말씀합니다. 불신자들은 이런 말씀을 매우 싫어합니다. 그들은 이런 말씀을 이기적인 종교의 편견이라고 치부합니다. 정말 그럴까요? 분명한 것은 하나님의 말씀은 일점일획도 말씀대로 이루어지지 않는 것이 없습니다.

하나님께서 사람을 창조하게 된 가장 큰 두 가지 목적은 하나님을 예배하는 '예배자'의 목적과 하나님의 창조 세계에 대해 '청지기'로서 역할 할 것을 목적으로 사람을 창조하셨습니다. 하나님의 규례와 계명은 인류의 모든 사람이 마땅히 지켜야 할 바입니다. "그리하면" 하나님의 규례와 계명 안에서 하나님의 결실을 맺어가는 축복의 주인공이 될 것을 약속하셨습니다.

[생각하며 나누는 시간]

1. 만물의 참 주인은 누구인가요?

2. 하나님은 만물의 주관자입니다. 여기에 대해 나는 어떤 신앙의 자세로 반응해야 할까요?

3. 하나님의 말씀을 지켜 순종하는 신앙의 근본 위에 하나님께서는 무엇을 약속하셨나요?

땀과 결실의 열매(레 26:3~13)

26:3 너희가 내 규례와 계명을 준행하면
26:4 내가 너희에게 철따라 비를 주리니 땅은 그 산물을 내고 밭의 나무는 열매를 맺으리라
26:5 너희의 타작은 포도 딸 때까지 미치며 너희의 포도 따는 것은 파종할 때까지 미치리니 너희가 음식을 배불리 먹고 너희의 땅에 안전하게 거주하리라
26:6 내가 그 땅에 평화를 줄 것인즉 너희가 누울 때 너희를 두렵게 할 자가 없을 것이며 내가 사나운 짐승을 그 땅에서 제할 것이요 칼이 너희의 땅에 두루 행하지 아니할 것이며
26:7 너희의 원수들을 쫓으리니 그들이 너희 앞에서 칼에 엎드러질 것이라
26:8 또 너희 다섯이 백을 쫓고 너희 백이 만을 쫓으리니 너희 대적들이 너희 앞에서 칼에 엎드러질 것이며
26:9 내가 너희를 돌보아 너희를 번성하게 하고 너희를 창대하게 할 것이며 내가 너희와 함께 한 내 언약을 이행하리라
26:10 너희는 오래 두었던 묵은 곡식을 먹다가 새 곡식으로 말미암아 묵은 곡식을 치우게 될 것이며
26:11 내가 내 성막을 너희 중에 세우리니 내 마음이 너희를 싫어하지 아니할 것이며
26:12 나는 너희 중에 행하여 너희의 하나님이 되고 너희는 내 백성이 될 것이니라
26:13 나는 너희를 애굽 땅에서 인도해 내어 그들에게 종된 것을 면하게 한 너희의 하나님 여호와이니라 내가 너희의 멍에의 빗장을 부수고 너희를 바로 서서 걷게 하였느니라

땀과 결실의 열매 (레 26:3~13)

　　한해의 농사에 대한 추수의 결실이 자연에 의해 이루어졌다 할지라도 그것은 자연의 능력으로 된 것이 아닙니다. 하나님께서는 모든 자연의 세계를 친히 주관하고 계십니다. 그러니 추수의 결실은 자연에 의한 것이 아니라 하나님께서 은혜를 베풀어주신 결론에 의한 것입니다. 추수의 결실은 자연에게 감사해야 할 것이 아닙니다. 추수의 결실을 맺게 하신 하나님께 감사를 해야 하는 것이 옳은 것입니다.

　　결실은 하나님의 은혜의 결론입니다. 우리의 모든 삶의 열매 또한 '화복의 주관자' 되시는 하나님에 의해 결실의 열매가 맺혀집니다. 그럼에도 불구하고 결실을 얻기 위해서는 반드시 그 사람의 땀 흘림의 수고가 있어야만 합니다. 우리는 자신의 삶에 있어서 아름다운 결실의 열매를 맺으려면 어떤 땀 흘리는 수고가 있어야 할까요?

> (3~7) 자신의 삶에 시들지 않는 풍성한 결실의 열매를 맺기 위해서는 내가 원하는 열매가 아니라 하나님께서 원하는 열매를 맺는 일에 땀을 흘리는 수고가 있어야 합니다

'순종'은 하나님의 축복을 말할 때 항상 등장합니다. 그리고 하나님께서 우리를 향해 축복하시고자 할 때 제일 먼저 적용되는 전제조건이기도 합니다. 하나님께서 말씀합니다. "너희가 내 규례와 계명을 준행하면 내가 너희에게 철따라 비를 주리니 땅은 그 산물을 내고 밭의 나무는 열매를 맺으리라" 하나님의 속성에 비춰볼 때 우리를 향해 말씀하신 것은 본질적으로 우리를 '축복하시겠다'라는 의지의 표명이라고 말할 수 있습니다. 그러므로 하나님께서 우리를 향해 말씀하신 계명은 아는 것으로 신앙을 말하는 추상적인 모습이 되어서는 안 됩니다. 그 말씀을 지키고, 준행해야 하는 단계로 나아가야 합니다. 그럴 때 그 말씀이 복된 말씀이 되어서 말씀의 결실을 맺게 됩니다.

결실은 하나님께서 그 나무로 하여금 열매를 맺게 하는 것을 말합니다. 나의 삶에 시들지 않는 풍성한 결실의 열매를 맺길 원하십니까? 그렇다면 하나님께서 원하시는 열매를 맺는 일에 땀을 흘리는 수고가 있어야 합니다. 하나님께서

원하시는 열매를 맺기 위한 땀방울은 자신의 삶을 풍성하게 만들어갈 뿐만 아니라 그의 삶이 화평 가운데 놓이는 은혜를 받게 됩니다. 예배를 통해 하나님께 영광을 돌리십시오. 삶이 예배가 되어야 합니다. 삶을 통해 우상 숭배적인 요소를 다 제거해야 합니다. 그리고 행하고 있는 것이 하나님께 영광이 되는지 아닌지 고민하는 기도의 무릎이 되십시오. 세상의 부정과 부패한 물질을 부러워하지 말고 하나님의 말씀을 따라 땀을 흘리는 수고를 기뻐하고, 감사하는 자가 되십시오. 하나님께서 맺어주시는 결실의 열매가 있습니다.

(8~9) 자신의 능력을 앞세우며 땀을 흘리는 자가 아니라 하나님의 도우심을 구하며 겸손히 하나님 앞에서 땀 흘리는 수고가 있어야 합니다

하나님께서 허락하신 평화는 추상적인 것이 아니라 실제적입니다. 그리고 하나님께서 허락하신 평화는 우리의 내적인 감정의 평온에 머무는 것이 아니라 외적인 삶 가운데 구체적으로 그 모습이 나타나 우리 삶의 체험이 됩니다. 하나님의 말씀을 따라 살아가는 수고의 땀 흘림에는 결실이 두 가지 방향에서 분명히 그 모습이 나타납니다. 하나는 삶을 통해 '물질'로 나타나며, 또 다른 하나는 삶에 대한 '평안'으로 그 결실의 열매가 나타납니다.

늑대와 이리떼와 같은 도적의 무리가 살찌고, 건강하게 자란 양의 무리를 노려보고 있습니다. 이때 그 양의 무리를 지킬 목동이 없다고 생각해 보십시오. 그 양이 아무리 살찌고, 건강한들 무슨 소용이 있습니까! 우리의 삶의 결실 또한 마찬가지입니다. 하나님이 울타리가 되어주셔야 합니다. 전능하신 하나님의 울타리는 세상의 어떤 힘으로도 무너뜨릴 수 없습니다. 주변에 아무리 많은 대적이 우리를 노리고 있어도 그들은 우리의 상대가 되지 못합니다.

자신의 능력을 보고 땀 흘리는 자가 아니라 하나님의 도우심을 구하며, 겸손히 하나님 앞에서 땀 흘리는 자가 되어야 합니다. 그럴 때 자신이 감당할 수 없는 '백'과 같고, '만'과 같은 대적들을 그리고 환경들을 전능하신 하나님께서 물리쳐 주시고, 해결해 줍니다. 뿐만 아니라 이런 우리를 '번성하게' 하고, '창대하게' 만들어갈 것을 언약하셨습니다. "내가 너희를 돌보아 너희를 번성하게 하고 너희를 창대하게 할 것이며 내가 너희와 함께 한 내 언약을 이행하리라" 은혜를 받으려면 은혜를 받을 자리에 서 있어야 합니다. 하나님 앞에 잘난 체하지 말고 하나님의 도우심을 구하며, 겸손히 하나님 앞에서 땀 흘리는 수고가 있어야 합니다.

(10~13) 잘하려고 세상적인 방법을 찾아 땀 흘리는 자가 아니라 솔직하고, 진솔한 땀을 흘리는 하나님의 백성이 되어야 합니다

하나님께서는 가나안 땅을 향해 나아가는 이스라엘 백성들에게 "너희들도 아브라함과 같이 나의 명령에 철저히 순종한다면 내가 아브라함에게 약속했던 그 땅에서의 축복을 너희 가운데서도 풍성히 일어나게 할 것이다"라고 말씀하시면서 "내 언약을 이행하라!"라고 말씀합니다. 그리고 하나님께서는 자신이 말한 그 넘치는 축복이 말만이 아니라 계속해서 풍년으로 이어질 것이며, 곡간에 곡식이 쌓아둘 곳이 없을 정도로 부어주실 것을 약속합니다.

하나님의 말씀을 따라 순종하며, 하나님의 도우심을 구하고, 하나님 앞에서 겸손히 서가며 땀 흘리는 자가 능력이 없어서 실수를 한다면 여기에 대해 하나님은 어떻게 하실까요? "내 마음이 너를 싫어하지 아니할 것이다"라고 말씀하셨습니다. 이와 같이 부족한 자라 할지라도 하나님께서는 왕이 되어주시고 그는 하나님의 백성이라는 관계 속에 세워질 것을 약속하셨습니다.

하나님께서 이스라엘의 초대 왕이었던 사울과 두 번째 왕이었던 다윗을 왕으로 세울 때 그들의 능력을 보지 않았습니다. 하나님이 그들을 본 것은 여호와 하나님을 향한 솔직한 신앙의 자세였습니다. 그러나 (삼상 13:8) 이하와 (삼상 15:7) 이하를 보십시오. 사울은 하나님의 말씀을 떠나 세상적인 방법을 구합니다. 그 결과 어떤 일이 일어났습니까? (삼상 15:11)은 말합니다. "내가 사울을 왕으로 세운 것을 후회하노니!" 잘하려고 세상적인 방법을 찾아 땀 흘리는 자가 되기보다 하나님 앞에서 솔직하고, 진솔한 땀을 흘리는 하나님의 백성이 되어야 합니다.

(적용)

세상 방법대로 살아가는 것은 한 때의 유행을 갈망하며 살아가는 불나방과 같습니다. 하나님의 관점으로 세상을 바라보면서 "오늘도 하나님은 나를 통해 어떤 열매를 맺길 원하실까?"를 말씀의 거울에 비춰보며, 선한 고민을 하는 자가 되어야 합니다. 땀 흘림이 모든 것을 좋은 결실로 인도하지는 않습니다.

땀도 내 욕심과 정욕을 위해 흘리게 되면 그 결실은 내 자신을 무너뜨리는 것으로 결론이 나타납니다. 하나님의 방법대로 땀을 흘리고, 고민해야 합니다. 그리하면 어떤 것도 답이 나오지 않는 것이 없습니다. 그렇게 흘린 땀을 하나님은 기뻐합니다. 그리고 그를 향해 약속합니다. "나는 너희 중에 행하여 너희의 하나님이 되고 너희는 내 백성이 될 것이니라"

[생각하며 나누는 시간]

1. 자신의 삶에 시들지 않는 풍성한 결실의 열매를 맺기 위해서는 어떤 수고를 해야 하나요?

2. 나는 하나님 앞에서 어떤 땀을 흘리는 자가 되어야 하나요?

3. 하나님 나라의 백성으로서 어떤 땀을 흘려야 하나요?

참 회개자를 새롭게 하시는 하나님(레 26:40~46)

26:40 그들이 나를 거스른 잘못으로 자기의 죄악과 그들의 조상의 죄악을 자복하고 또 그들이 내게 대항하므로
26:41 나도 그들에게 대항하여 내가 그들을 그들의 원수들의 땅으로 끌어 갔음을 깨닫고 그 할례 받지 아니한 그들의 마음이 낮아져서 그들의 죄악의 형벌을 기쁘게 받으면
26:42 내가 야곱과 맺은 내 언약과 이삭과 맺은 내 언약을 기억하며 아브라함과 맺은 내 언약을 기억하고 그 땅을 기억하리라
26:43 그들이 내 법도를 싫어하며 내 규례를 멸시하였으므로 그 땅을 떠나서 사람이 없을 때에 그 땅은 황폐하여 안식을 누릴 것이요 그들은 자기 죄악의 형벌을 기쁘게 받으리라
26:44 그런즉 그들이 그들의 원수들의 땅에 있을 때에 내가 그들을 내버리지 아니하며 미워하지 아니하며 아주 멸하지 아니하고 그들과 맺은 내 언약을 폐하지 아니하리니 나는 여호와 그들의 하나님이 됨이니라
26:45 내가 그들의 하나님이 되기 위하여 민족들이 보는 앞에서 애굽 땅으로부터 그들을 인도하여 낸 그들의 조상과의 언약을 그들을 위하여 기억하리라 나는 여호와이니라
26:46 이것은 여호와께서 시내 산에서 자기와 이스라엘 자손 사이에 모세를 통하여 세우신 규례와 법도와 율법이니라

참 회개자를 새롭게 하시는 하나님(레 26:40~46)

하나님께서는 에덴동산이라는 하나님의 나라를 수립하면서 백성 된 자인 사람을 향해 하나님 나라의 법을 세우셨습니다. 그 내용은 "선악을 알게 하는 나무의 열매는 먹지 말라! 네가 먹는 날에는 반드시 죽으리라!"였습니다. 이 말씀의 핵심은 '선악을 알게 하는 나무의 열매를 먹지 않으면 된다'라는 것이 아닙니다. 하나님 나라의 백성 된 자는 하나님 나라의 왕이신 하나님의 말씀에 순종하는 자가 되어야 한다는 것을 말하고 있습니다. B.C. 1,446년 출애굽한 이스라엘 자손들을 시내 산으로 부릅니다. 하나님께서 그들과 언약을 맺습니다. 과거, 하나님과 언약을 맺은 장소가 에덴동산이었다면 이번에는 그 장소가 시내 산으로 바뀝니다.

에덴동산에서 맺었던 언약의 내용이 '선악을 알게 하는 실과'였다면 이번에는 '율법과 계명'을 통해 언약을 맺습니다. 아담의 불순종으로 인한 죄가 인류 가운데 전가되면서 사람은 죄의 길을 알고도, 알지 못하고도 하나님을 향해 죄를 범하게 됩니다. 여기에 대해 하나님께서는 계명이라는 울타리와 함께 자기 백성을 향해 특별한 길을 열어줍니다. '회개'입니다. 하나님께서는 회개의 길에 세워진 자기 백성에게 어떻게 반응하고, 어떻게 응답하실까요?

(40~42) 하나님께서는 회개를 통해 자신의 죄악을 깨닫는 자에게 언약이라는 은혜로 응답합니다

하나님께서는 자기 백성이 비록 죄악 가운데 있을지라도 회개하기만 하면 언제든지 그를 다시 품어주기를 원합니다. 자신의 어떤 희생과 아픔을 감수하더라도 자기 백성으로 하여금 참 생명의 길에 이르기를 원하시는 분입니다. 하나님께서는 자기 백성을 향해 공의를 발동합니다. 정말 끝장난 것만 같은 징계를 내립니다. 그러나 하나님께서는 이 징계의 과정에서도 하나님께 범죄하였다는 것을 깨닫는 통한의 회개를 기쁨으로 받아들입니다. 이것을 마치 기다렸다는 듯이 언약에 대한 회복으로 곧바로 응답합니다. 회개에 대해 (마

18:21)의 말씀처럼 '일곱 번을 일흔 번까지라도' 용서로 응답하시는 분이 하나님입니다.

하나님의 귀는 죄를 깨닫고, 마음으로부터 우러나오는 회개의 소리를 기다리고 있습니다. 하나님은 죄와 허물을 문제 삼기 위해 징계를 내리시는 분이 아닙니다. 하나님께서는 징계라는 공의의 발동을 통해 자기 백성 삼은 자를 다시 겸손하게 세워나갑니다. 징계는 한편에서는 공의의 값이지만 또 다른 한편에서는 죄에 대해 자복하며 참 회개를 이끌어내기 위한 하나님의 은혜의 산 도구입니다. 하나님은 죄를 자복하는 참 회개자에게는 언약의 회복으로 응답하시는 은혜로우신 분입니다. "내가 야곱과 맺은 내 언약과 이삭과 맺은 내 언약을 기억하며 아브라함과 맺은 내 언약을 기억하고 그 땅을 기억하리라" 하나님은 우리 안에 있는 죄악과 허물에 대해 회개하기를 원합니다. 이런 자를 향해 언약을 회복시키는 은혜로 응답하시는 하나님은 우리의 왕이시며, 아바 아버지라는 것을 잊지 않아야 합니다.

(43~45) 하나님께서는 참 회개자를 위해 안식을 예비하고 계십니다

비록 언약 백성이라 할지라도 그가 하나님의 법을 멸시하고, 싫어한다면 자신들이 거하는 약속의 땅에서 쫓겨납니다. 이방 땅으로 보내져 그 값을 치르게 됩니다. 그러나 하나님께서는 이런 순간에도 자기 백성을 잊지 않습니다. 마땅히 받아야 할 죗값을 치르는 고통과 고생의 순간에도 자기 백성이 약속의 땅으로 다시 돌아올 것을 준비하고 계십니다. 그들이 회개하고 다시 돌아올 때를 위해 그 땅을 아주 기름지게 만들어 놓고 계십니다. "그 땅은 황폐하여 안식을 누릴 것이요, 그들은 자기 죄악의 형벌을 기쁘게 받으리라" 공의의 심판에 의해 타국에 끌려가는 것으로 끝나지 않습니다. 하나님은 그들이 끌려가는 그날부터 자기 백성의 회복의 날을 미리 준비하고 계십니다. 안식을 예비합니다.

하나님께서는 참된 회개를 통해 그들의 언약이 지속되기를 원합니다. 심지어 기름진 안식의 땅으로 인도하여 그 약속을 지키길 원합니다. '혼돈'과 '무질서'의 세상을 살아가는 나는 하나님을 향해 참된 회개자의 모습을 하고 있는지 돌아볼 필요가 있습니다. 하나님께서 말씀하셨습니다. "내가 너와 네 후손에게 네가 거류하는 이 땅 곧 가나안 온 땅을 주어 영원한 기업이 되게 하고 나는 그들의 하나님이 되리라"(창 17:8) 하나님을 향한 참 회개자는 하나님의 주권에 순종하는 신앙의 모습을 가집니다. 이런 자를 위해 하나님은 안식을 예비하고 계십니다.

(46) 하나님께서는 참 회개자의 길에 들어설 수 있도록 자기 백성을 위해 거울과 등불로서 기능하는 규례와 법도와 율법을 예비해 주셨다는 것을 잊지 않아야 합니다

하나님께서는 시내 산을 통해 언약 백성이 지켜야 할 '규례'와 '법도', '율법'을 주셨습니다. 그 내용에는 생소한 것도 있었고, 명령에 대해 이해하지 못한 것도 있었습니다. 하나님 나라의 백성으로 살아가기 위해 지켜야 할 그 법을 받는 순간 자신들의 삶에 대해 불편함을 느꼈을 것입니다. 지금까지 애굽에서 살아왔던 방식이 아니었습니다. '하지 마라!', '하라!'로 일괄되어 있는 규제법이었습니다. 애굽으로부터 구원함을 받아 자유를 얻은 그들에게 하나님께서는 또 하나의 이해할 수 없는 규제로 그들을 묶어 놓고 있었습니다. 그러나 이것은 규제가 아니었습니다. 자신들의 모습을 비춰보는 거울이었으며, 자신들의 나아갈 길을 조명해 주는 등불이었습니다.

하나님께서 주신 '규례'와 '법도'와 '율법'은 '말씀의 거울'이었습니다. 그리고 자신들을 돌아보고, 하나님 앞에 온전하지 못한 것이 있으면 회개를 통해 바로 서도록 인도하는 등불이었습니다. 참 회개자는 자신의 죄에 대해 핑계하지 않습니다. 그 죄과를 인정합니다. 뿐만 아니라 공의로우신 하나님의 징계를 인정하며 받아들입니다. 그리고 하나님의 약속을 바라보면서 징계에 대해 인내합니다. 밧세바의 사건과 하나님께서 금하신 인구를 조사했던 사건 앞에 놓인 다윗의 모습이 그러했습니다.

참 회개자는 하나님의 말씀대로 살아가는 것이 '규제'가 아니라 '참 자유'를 누리는 비밀한 열쇠라는 것을 알고 말씀대로 살아가기를 몸부림칩니다. 진정한 지혜는 머리의 회전이 다른 사람보다 탁월한 것으로 말하지 않습니다. 하나님의 말씀 가운데서 하나님의 주권을 발견하고 그 말씀 앞에 순종하는 것입니다. 그러니 참 지혜자는 자기 백성을 위해 거울과 등불로서 기능하도록 '규례'와 '법도'와 '율법'을 예비해 주신 것을 신앙으로 받아들입니다. 그리고 그 법으로 자신의 울타리를 세우고, 그 법안에서 살아가기는 몸부림을

칩니다.

(적용)

　죄는 하나님의 법에 반(反)하여 행해진 것들입니다. 여기에는 '내가 그것을 몰랐습니다'라는 것이 성립되지 않습니다. 용서받을 수 없습니다. 그러나 하나님께서는 이런 우리를 구원하시려고 예수 그리스도를 이 땅에 보내신 것처럼, 용서받을 수 있는 길을 열어주셨으니 그 길이 바로! '회개'입니다. 죄악은 핑계로 해결될 수 없습니다. 죄악은 자신의 어떤 훌륭한 행실로 해결될 수 없습니다. 죄는 오직! 하나님과의 관계 속에서만 해결될 수 있습니다.

　하나님께서는 혹독한 심판 가운데에서도 언약 백성을 향해 희망을 남겨두셨습니다. '회개'입니다. 언약 백성이 회개한다면 그와의 언약을 기억하겠다라고 말씀하셨습니다. 참 회개는 하나님의 마음을 움직입니다. 용서받지 못할 죄악 가운데 있는 자라 할지라도 죄를 진정으로 자복하는 참 회개는 하나님의 마음을 움직입니다. 하나님께서 그를 다시 언약의 자리로 회복시켜 주신다는 것을 잊지 않아야 합니다.

[생각하며 나누는 시간]

1. 하나님께서는 참 회개자에게 어떻게 응답하실까요?

2. 하나님께서는 참 회개자에게 무엇을 예비하셨을까요?

3. 하나님께서는 참 회개자의 길에 들어설 수 있도록 무엇을 예비해주셨나요?

하나님을 향한 신앙 (레 27:1~8)

27:1 여호와께서 모세에게 말씀하여 이르시되
27:2 이스라엘 자손에게 말하여 이르라 만일 어떤 사람이 사람의 값을 여호와께 드리기로 분명히 서원하였으면 너는 그 값을 정할지니
27:3 네가 정한 값은 스무 살로부터 예순 살까지는 남자면 성소의 세겔로 은 오십 세겔로 하고
27:4 여자면 그 값을 삼십 세겔로 하며
27:5 다섯 살로부터 스무 살까지는 남자면 그 값을 이십 세겔로 하고 여자면 열 세겔로 하며
27:6 일 개월로부터 다섯 살까지는 남자면 그 값을 은 다섯 세겔로 하고 여자면 그 값을 은 삼 세겔로 하며
27:7 예순 살 이상은 남자면 그 값을 십오 세겔로 하고 여자는 열 세겔로 하라
27:8 그러나 서원자가 가난하여 네가 정한 값을 감당하지 못하겠으면 그를 제사장 앞으로 데리고 갈 것이요 제사장은 그 값을 정하되 그 서원자의 형편대로 값을 정할지니라

하나님을 향한 신앙 (레 27:1~8)

　　레위기는 하나님과 사람 사이의 관계가 정상적으로 유지되도록 울타리와 같은 역할을 율법이 감당하고 있다는 것을 밝히면서 마칩니다. 이것이 레위기 26장 46절입니다. 그렇게 끝나는 듯했던 이야기가 다시 전개됩니다. "여호와께서 모세에게 말씀하여 이르시되"(레 27:1) 그리고 이어서 서원에 관한 규례와 십일조에 관한 규례로 전체를 마무리합니다. 십일조가 신앙의 고백을 담고 있는 예물이라면 서원은 하나님을 향한 신실한 약속을 담보로 하고 있습니다. 그러므로 서원은 약속을 지키지 않았을 때 그것이 죄가 됩니다. (신 23:21)은 여기에 대해 이렇게 말합니다. "네 하나님 여호와께 서원하거든 갚기를 더디하지 말라 네 하나님 여호와께서 반드시 그것을 네게 요구하시리니 더디면 그것이 네게 죄가 될 것이라"

서원은 강제적인 것이 아니라 자원에 따른 것입니다. 그러나 하나님 앞에 서원은 가식이 용납되지 않습니다. 허풍을 떨면서 서원하는 위장을 용납하지 않습니다. 그러면 우리의 겉과 속을 만드신 하나님께서는 우리의 인격적인 고백이 담겼을 뿐만 아니라 그 행위까지 담보로 하고 있는 서원에 대해 어떻게 반응하실까요?

(1~2) 하나님은 서원하는 심령을 기뻐하며 그 신앙을 통해 아름다운 결실을 맺어갑니다

서원은 히브리어로 '네데르'라고 하여 '맹세'를 의미하고 있습니다. 약속에 대해 꼭 지킬 것을 다짐하는 것을 말합니다. (삼상 1:12)에 의하면 한나는 여호와께서 자신에게 아들을 주시면 그의 평생을 여호와께 드리기를 서원하며 기도합니다. 한나는 이렇게 해서 태어난 사무엘을 서원한 대로 하나님의 전에 드립니다. 그런데 하나님께서는 서원과 관련하여 모세에게 특이한 사항을 지시합니다. 어떤 사람이 '사람의 값'을 여호와께 드리기로 서원하였다면 '그 값'을 정하도록 지시합니다. (마 16:26)에 의하면 천하를 주고도 얻을 수 없는 것이 사람의 목숨입니다. (시 49:12)의 말씀처럼 사람은 '존귀한 자'입니다. 가치로 따질 수 없습니다. 그러면 서원과 관련한 '사람의 값'은 무엇을 말할까요? '사람의 값'은 가치 또는 가격을 말하는 것이 아닙니다.

두 가지 측면을 설명하고 있습니다. 첫 번째로 '값'은 하나님 앞에 서원한 사람의 신앙을 담보하고 있습니다. '값'은 하나님 앞에 나아온 전인격적인 신앙의 모습을 말하고 있습니다. 두 번째로 '값'은 하나님 앞에 서원한 사람의 형편을 담보로 하고 있습니다. 그 사람이 서원한 것을 이루도록 배려하는 것이 그 '값' 속에 묻어 있습니다. 서원에 대해 그 값을 정하도록 한 것은 사람에 따라 그 값이 변경될 수 있다는 것을 말합니다. 이유는 그 사람의 서원한 것이 이루어지도록 하기 위해서입니다. 하나님께서 은혜를 베풂니다.

하나님 나라를 건설하는 일에 자신을 드리는 자가 되어야 합니다. 하나님은 이런 서원의 신앙을 기뻐 받으십니다. 자신을 이방인의 사도로 드렸던 사도 바울은 하나님으로부터 이방인의 사도로 쓰임을 받는 결실을 맺습니다. 그리고 이런 바울은 주님이 오시는 그날까지 영원히 기억되는 자리에 세워지는 영광을 얻게 되었다는 것을 기억하고, 잊지 않아야 합니다.

(3~7) 하나님께 헌신하기로 서원한 자는 자신에게 주어진 환경과 형편에 대해 최선을 다하는 모습을 가져야 하며 이것이 하나님께 드려지는 귀한 신앙의 예물이 되어야 합니다

하나님께서는 자신을 하나님께 드리기로 맹세한 자의 기준을 정합니다. 기준은 세상의 가치관이 아니라 '성소의 세겔'로 정하고 나이와 성별에 따라 차등을 두도록 합니다. 일반적인 세겔의 무게가 약 11.4g이라고 한다면 오분의 일이 더해진 성소의 세겔은 약 13.7g이 됩니다. 일 개월부터 다섯 살 까지 남자 아이는 '은 다섯 세겔', 여자 아이는 '은 삼 세겔'로 하도록 합니다. 그리고 다섯 살부터 스무 살까지 남자는 '은 이십 세겔', 여자는 '은 열 세겔', 스무 살부터 육십 살까지 남자는 '은 오십 세겔', 여자는 '은 삼십 세겔'로 정합니다. 그리고 육십 살 이상 남자는 '은 십오 세겔', 여자는 '은 열 세겔'로 차등을 둡니다. 헌신하기를 서원한 자들을 차별하는 것이 아니라 차등을 두어 공정을 유지합니다.

하나님께서 연령별, 성별로 '값'을 정한 이유가 무엇일까요? 어릴 때와 힘써 봉사할 수 있는 나이가 다르며, 남자와 여자가 힘을 쓰는 것이 다릅니다. 노인은 어린아이보다 더 연약합니다. 이것을 차별하지 않고 차등을 두어 공정함이 이루어지도록 합니다. 하나님을 향한 헌신의 마음은 세상의 가치관보다 앞서야 합니다. 이것이 '성전의 세겔'이 주는 의미입니다. 하나님께 서원한 사람은 자신의 주어진 환경과 형편을 핑계대지말고 최선을 다하는 모습을 가져야 합니다. 남녀노소에 따라 차등을 둔 것과 달리 하나님 앞에 위선과 가식은 은혜를 얻지 못합니다. 하나님은 과한 것을 요구하지 않습니다. 자신에게 주어진 환경과 형편에 대해 최선을 다하는 신앙의 모습으로 하나님께 드려지는 자가 되어야 합니다. 이것이 하나님께 드려지는 귀한 신앙의 예물이 된다는 것을 잊지 않아야 합니다.

(8) 서원한 그 마음이 하나님을 향한 순종과 헌신으로 이어지도록 배려를 아끼지 않는 신앙으로 반응해야 합니다

하나님께 서원한 자는 가진 것이 있어서가 아닙니다. 서원한 자들 가운데는 가난한 사람도 있었습니다. 가난한 사람은 노인보다, 어린아이보다 더 연약한 자입니다. (사 58:7)은 이렇게 말하고 있습니다. "또 주린 자에게 네 양식을 나누어 주며 유리하는 빈민을 집에 들이며 헐벗은 자를 보면 입히며 또 네 골육을 피하여 스스로 숨지 아니하는 것이 아니겠느냐"라고 말씀합니다. 하나님께서는 서원한 사람이 가난하여 정한 값을 감당하지 못하겠으면 제사장은 그 사람의 '형편대로' 값을 정하도록 합니다. "제사장은 그 값을 정하되 그 서원자의 형편대로 값을 정할지니라"

'형편대로'라는 말씀은 '융통성'을 말하는 것이 아닙니다. 가난함에도 불구하고 하나님께 헌신하고자 하는 그 마음이 하나님을 향한 순종과 헌신으로 이어지도록 배려하라는 것을 말합니다. 하나님을 향한 서원은 가진 것과 형편을 돌아보면서 행하는 것이 아닙니다. '마음으로부터' 시작해야 하며, 하나님을 향한 순종과 헌신으로 이어져야 합니다. 이것이 하나님께 올려드리는 예물이 됩니다. 하나님은 이것을 기쁨으로 받으십니다. 그러므로 공동체는 여기에 대해 더욱 관심을 가져야 하며, 배려를 아끼지 않는 신앙으로 반응할 필요가 있습니다.

(적용)

하나님을 향한 신앙을 대변하고 있는 서원은 신앙의 인격을 담보로 하고 있습니다. 서원은 출발을 '마음으로부터' 시작하여 순종과 헌신으로 연결되어야 합니다. 하나님은 이런 서원하는 자의 참된 신앙을 기뻐합니다. 하나님을 향한 서원은 자신의 소유물이 있거나, 자신에게 그럴만한 재능이 있기 때문에 하는 것으로 착각하지 않아야 합니다. 누구든지, 어떤 형편에서든지 서원할 수 있습니다.

우리의 겉과 속을 만드신 하나님은 서원한 그 심령을 기쁨으로 받으실 뿐만 아니라 그를 통해 아름다운 결실을 맺어갑니다. 그러니 하나님께 서원한 자는 자신에게 주어진 환경과 형편을 통해 최선을 다하는 신앙의 자세를 가져야 합니다. 이것이 하나님께 드려지는 귀한 예물이 됩니다. 하나님께 자신을 드리는 서원은 그 모습이 다양합니다. 때로는 섬김의 봉사로, 때로는 복음 전도로, 때로는 가르치는 사역으로, 때로는 주방을 섬기는 것으로 다양합니다. 주저하지 말고 자신을 하나님께 드리는 서원하는 신앙을 가져야 합니다.

[생각하며 나누는 시간]

1. 서원에 대해 알고 있는 것을 말해봅시다

2. 하나님께 서원한 자는 하나님께 어떤 모습으로 자신을 드려야할까요?

3. 서원한 그 마음이 항상 하나님을 향하도록 하기 위해 나는 어떤 신앙으로 반응해야 할까요?

바티스 출판사 도서 안내

성경의 뼈대를 튼튼하게 세워 나가는 책
(1) 『창조목적과 그리스도의 사역』

성자 하나님께서 왜! 성육신하셔야만 했는가?
성자 하나님께서 왜! 예수로 오셔야만 했는가?
성자 하나님께서 예수로 오실 때 왜! 그리스도로 오셔야만 했는가?
여기에 대해 22개의 주제를 통해 명쾌한 답을 제시하고 있습니다.

- ▸ 책의 이해를 돕기 위하여 9개의 Q.R 코드 안에 26개의 동영상 강의가 보너스로 제공됩니다.
- ▸ 각 장르(제1막~제7막)마다 주어진 '생각해 보는 시간'의 질문을 활용하여 구역 또는 나눔의 교재로 활용하기에 적합하고, 유익합니다.
- ▸ 개인 및 그룹 study에 유익한 교재입니다(청·장년 교리교육 교재로 매우 유익합니다).

【느헤미야 시리즈 01】

성경, 신앙, 설교에 도움을 주는 책
(2) 『신앙으로 반응하라』

느헤미야 시리즈는 신앙을 통해 하나님 나라를 직시하고 신앙의 바른 관점을 가질 수 있도록 인도하는 것을 목표로 전체 내용이 구성되어 있습니다. '하나님 나라 회복'과 '하나님의 일하심'을 조명하고 있는 『신앙으로 반응하라』는 성벽 재건이라는 과정 안에서 신앙으로 공동체를 세워 나가는 느헤미야를 만나게 됩니다. 이를 통해 전개되는 사건들과 하나님으로부터 받은 응답의 역사가 신앙 가운데 펼쳐집니다.

- '느헤미야'의 본문(1장~5장)에 대한 난해한 부분들을 쉽게 이해할 수 있도록 도움을 줍니다.
- 신앙을 세워 나가는 데 도움과 유익을 줍니다.
- 설교 및 느헤미야서를 연구하는데 도움을 줍니다.

【느헤미야 시리즈 02】

성경, 신앙, 설교에 도움을 주는 책
(3) 『하나님이 기억하는 자』

하나님을 향한 신앙의 골격과 신앙의 자세를 바르게 세워 나가는 종교개혁이 소개되고 있습니다. 『하나님이 기억하는 자』는 형식의 신앙이 아니라 하나님 편에 어떻게 바르게 서야 하는지 일깨워줍니다. 그리고 신앙의 인격을 만들어 가는 과정이 사건들과 함께 박진감 넘치게 전개됩니다.

▸ '느헤미야'의 본문(6장~9장)에 대한 난해한 부분들을 쉽게 이해할 수 있도록 도움을 줍니다.
▸ 신앙을 세워 나가는 데 도움과 유익을 줍니다.
▸ 설교 및 느헤미야서를 연구하는데 도움을 줍니다.

【느헤미야 시리즈 03】

성경, 신앙, 설교에 도움을 주는 책
(4) 『해 뜨는 데부터 해 지는 데까지』

언약에 대한 각인과 함께 한결같은 신앙으로 하나님 앞에 바르게 서도록 지도하는 느헤미야의 간절한 마음이 읽어집니다. 그리고 주님이 다시 오시는 그날까지 말씀을 따라 날마다 매 순간 신앙을 개혁하지 않으면 안 되는 이유를 증거하고 있습니다.

- ‣ '느헤미야'의 본문(10장~13장)에 대한 난해한 부분들을 쉽게 이해할 수 있도록 도움을 줍니다.
- ‣ 신앙을 세워 나가는 데 도움과 유익을 줍니다.
- ‣ 설교 및 느헤미야서를 연구하는데 도움을 줍니다.

【신앙간증 시리즈】

(5) 『잃어버린 10년, 은혜로운 10년』

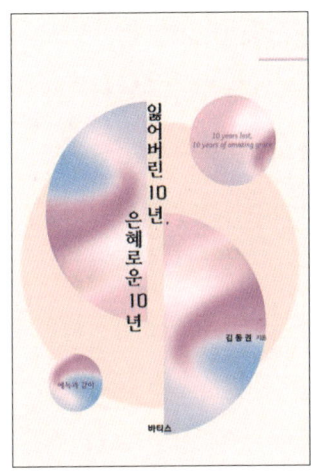

선교사로 활동하던 중 겪게 된 10년의 암 투병 과정을 기록하고 있습니다. 10년 동안 3번의 투병과 3번의 완치판정을 받은 과정을 통해 자신의 경험을 소개하고 있습니다. 『잃어버린 10년, 은혜로운 10년』은 기도하며 기록한 책입니다. 10년간의 투병을 간증하는 단순한 간증집이 아닙니다. 하나님께서 자신을 통해 어떻게 역사하셨는지 증명해내는 동시에 동일한 육체의 질고 가운데 놓인 환우들에게 한 줄기의 작은 희망을 가질 수 있도록 메시지를 전해주는 소중한 책입니다.

▸ 투병 가운데 있는 분들에게 믿음의 신앙과 기도의 소중함을 전해주고 있습니다.
▸ 어떤 순간도 포기하지 않는 인내를 강조하고 있습니다.
▸ 육체의 질고 가운데 있는 분들과 가족들에게 희망의 메시지를 전해줍니다.

창세기 2장~5장이 증거하고 있는 에덴 동산의 계시를 밝히는 책
(6) 『하나님의 숨결 안에』

에덴 동산은 하나님의 창조목적과 하나님의 속성이 담겨 있는 그릇과 같은 곳입니다. 『하나님의 숨결 안에』는 전체가 2부(제1부-"에덴 동산 안에서", 제2부-"에덴 동산 밖에서)로 구성되었으며 성경 본문(창세기 2장~5장)에 충실한 해석과 함께 에덴 동산이 무엇을 계시하고 있는지 진리를 전하고 있습니다.

- 창세기 2장~5장을 흥미롭고 재미있게 풀어갑니다.
- 에덴 동산의 '생명 나무'와 '선악을 알게 하는 나무'에 대해 명쾌한 답을 줍니다.
- 언약의 성취와 예수 그리스도가 메시아로 오셔야 할 이유를 알게 합니다.
- 하나님의 숨결이 느껴집니다.
- 이 시대에 꼭 읽어야 할 책입니다.
- 지금 선물하기에 아주 좋은 책입니다.

(7) 『구약 성경의 메시지(개론) - 창세기부터 말라기까지』

『구약 성경의 메시지(개론)- 창세기부터 말라기까지』는 크게 세 가지 목적을 가지고 출간되었습니다. 첫 번째는 구약의 근원을 알면서 성경을 더욱 가까이에 두는 신앙관을 길러내기 위한 목적을 가지고 있습니다. 두 번째는 성경을 일목요연하게 볼 수 있도록 도움을 주기 위한 목적을 가지고 있습니다. 세 번째는 독자들에게 구약 성경에 대한 기본적인 지식을 제공할 뿐 아니라 교회 교육 자료로 활용할 수 있도록 돕기 위한 목적을 가지고 있습니다. 이런 『구약 성경의 메시지(개론)- 창세기부터 말라기까지』는 창세기부터 말라기까지 본문의 텍스트가 어떤 메시지를 전하고 있는지 핵심적인 메시지를 알려주고 있는 영적으로 건강한 도서입니다.

안디옥의 빛나는 별 이그나티우스가 찾은 참된 행복
(8) 『내 안에 예수 그리스도가 살아계신다』

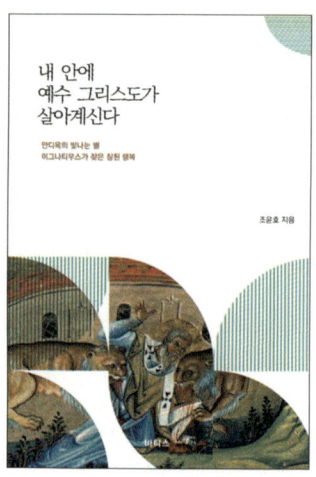

1세기 말부터 2세기, 기독교의 근간을 뒤흔들었던 율법주의자들과 영지주의자들 그리고 로마로부터 교회와 신앙을 지켜내기 위해 자신의 몸을 불살랐던 이그나티우스(Ignatius of Antioch, A.D. 35-108)는 안디옥의 빛나는 별과 같았습니다. 『내 안에 예수 그리스도가 살아계신다』라는 책의 제목은 이그나티우스의 모든 것(신앙과 삶)을 한 문장으로 증거 한 표현입니다. 교회와 신앙을 지키기 위해 자신을 짐승의 먹잇감으로 내놓은 속사도 교부였던 이그나티우스의 일곱 편의 서신을 소개하고 있습니다. 그리고 서신에 담겨 있는 '기독론'과 '구원론', '교회론', '종말론', '감독제도'와 '신앙' 등에 대한 신학적, 역사적, 신앙적 근거를 논하고 있는 귀중한 도서입니다. 신학자들이 적극적으로 추천하고 있으며 우리 모두가 읽어야 할 신앙의 필독서입니다.

‣ 1세기와 2세기 고난과 갈등 그리고 기독교 신앙의 정수(精髓)를 알려줍니다
‣ 예수 그리스도와 십자가를 가슴으로 받아들이고, 새기게 합니다
‣ 교회와 그리스도인이 존재하는 이유와 목적을 알게 합니다
‣ 진리와 신앙을 사수하기 위해 순교하였던 기독교의 역사를 전하고 있습니다
‣ 초대 교부에 관하여 하나의 획을 긋는 도서입니다